Standard Deutsch 5

Das systematische Lernbuch

Arbeitsheft

Erarbeitet von

Annette Brosi
Birgit Patzelt
Tanja Trumm

Textquellenverzeichnis

S. 17 Noch ein Faultier? Der Siebenschläfer. Nach: http://www.wdrmaus.de/sachgeschichten/siebenschläfer/(Stand vom 03.05.2008)

S. 19 Siebenschläfer halten ... Nach: http://www.stadt-zuerich.ch/internet/ugz/home/fachbereiche/schaedlingsbeka-empfung/siebenschlaefer_treiben.html (Stand vom 28.10.2008)

S. 20 Tierbestand (Stand: 2007). Aus: http://www.wilhelma.de/de/das-unternehmen/daten-und-fakten.html (Stand vom 28.10.2008)

S. 20 Anzahl der Tiere per 31.12.2007. Aus: http://www.allwetterzoo.de/(Stand vom 28.10.2008)

S. 20 Tierstatistik 2007. Aus: http://www.zoo-berlin.de/verstehen/zahlen-fakten.html (Stand vom 28.10.2008)

S. 22 Piranhas sind Feiglinge. Nach: http://www.stern.de/wissenschaft/natur/:Raubfische-/592211.html?q=piranhas (Stand vom 28.10.2008)

S. 24f. Mebs, Gudrun: Kaputtes Knie. Aus: Litten, Margot (Hg.): Leselöwen Betthupferlbuch. Loewe Verlag, Bayreuth 1983, S. 152-154

S. 27 Ruck-Pauquét, Gina: Mutter sagt immer Nein. Aus: Das große Buch (gekürzt). Ravensburger Buchverlag, Ravensburg 1978

S. 29 Brender, Irmela: Der Kindertraum. Aus: Schau mal – die Sterne! Silberburg-Verlag, Tübingen 1998, S. 140

S. 32 Uhland, Ludwig: Der weiße Hirsch. Aus: Ludwig Uhland, Werke. Winkler Verlag, München 1980

S. 51 Wo ist die Raupe? Nach: Blum, Lisa-Marie: Der seltsame Zweig. Aus: Die Erde ist mein Haus. 8. Jahrbuch der Kinderliteratur. Weinheim, Basel: Beltz Verlag 1988, S. 45

S. 64 Bull, Bruno Horst: Sommerbild. Aus: Aus dem Kinderwunderland. Verlag Herder, Freiburg 1968

S. 73 Fink, Christine: Beruf: Stuntprofi. Aus: http://www.geo.de/GEOlino/mensch/berufe/952.html (Stand vom 28.10.2008)

Bildquellenverzeichnis

Titelfoto: Thomas Schulz, Teupitz
S. 12 links: picture-alliance/Fritz Pölking/OKAPIA, Frankfurt am Main, rechts:/E. Thielscher/piclease, Bonn;
S. 16: kristian seculic, fotolia.com; S. 17: picture-alliance/B. Brossette/OKAPIA, Frankfurt am Main; S. 18: picture-alliance/Frank Hecker/OKAPIA; S. 19: E. Thielscher/piclease, Bonn; S. 20: Mit freundlicher Genehmigung: Wilhelma Stuttgart; Zoo Berlin; Allwetterzoo Münster; S. 22: picture-alliance/NHPA/photoshot, Frankfurt am Main; S. 71 v.l.n.r.: (Bild 1, 2, 4) Andre, fotolia.com; (Bild 3) volff, fotolia.com; (Bild 5) Nadine K., fotolia.com; (Bild 6) Paul Bodea, fotolia.com;
S. 73: Cinetext Bildarchiv, Frankfurt am Main

Redaktion: Stefanie Schumacher

Bildrecherche: Angelika Wagener

Illustration: Constanze Guhr, Berlin

Visuelle Gestaltung: Visuelle Gestaltung Katrin Pfeil, Mainz

Layout und technische Umsetzung: Annika Preyhs für Buchgestaltung+, Berlin

www.cornelsen.de

Die Webseiten Dritter, deren Internetadressen in diesem Lehrwerk angegeben sind, wurden vor Drucklegung sorgfältig geprüft. Der Verlag übernimmt keine Gewähr für die Aktualität und den Inhalt dieser Seiten oder solcher, die mit ihnen verlinkt sind.

1. Auflage, 10. Druck 2022

© 2009 Cornelsen Verlag, Berlin; Oldenbourg Schulbuchverlag GmbH, München
© 2017 Cornelsen Verlag GmbH, Berlin

Druck: Athesiadruck GmbH

ISBN 978-3-06-061807-1

Inhaltsverzeichnis

Richtig schreiben

So arbeitest du mit dem Arbeitsheft:
- In jedem Kapitel übst du einen Lernbereich.
- Am Ende eines Kapitels findest du die Seite **Teste dich selbst!**
  Hier kannst du dein Wissen überprüfen.

So wertest du die Tests aus:
- Beantworte alle Fragen eigenständig.
- Kontrolliere deine Ergebnisse im Lösungsteil.
- Trage für jede richtige Antwort einen Punkt in das Kästchen ein.
- Rechne die Gesamtpunktzahl aus und notiere sie.
- Lies die Punktauswertung im Lösungsteil. Dort findest du auch Tipps, wie du weiter üben kannst.

Eine Erzählung schreiben

Der rote Faden: Aufbau einer Erzählung

Eine Erzählung hat meist drei Teile:

1. Die Einleitung

Die Einleitung führt in das Geschehen ein. Es wird oft noch nicht verraten, worum es in der Erzählung geht.

Folgende W-Fragen werden meist in der Einleitung beantwortet:

Wer ist beteiligt? (Hauptfiguren)

Wann geschieht die Handlung? (Zeit)

Wo spielt die Geschichte? (Ort)

2. Der Hauptteil

Im Hauptteil wird das Geschehen ausführlich dargestellt.

Der **Höhepunkt** ist die spannendste Stelle einer Erzählung. Der Leser weiß nicht, ob die Handlung sich zum Guten oder zum Schlechten wendet.

3. Der Schluss

Eine Erzählung kann ein geschlossenes Ende (alles klärt sich auf) oder ein offenes Ende (es sind noch Fragen offen) haben.

1 a) Lies dir die folgende Einleitung aufmerksam durch.

Leons Eltern waren an diesem Abend nicht zu Hause.
Leon saß am Küchentisch. Vor ihm stand ein Teller mit Suppe.
Gerade wollte er zum Löffel greifen,
da hörte er plötzlich ein seltsames Geräusch.

b) Welche W-Fragen werden in dieser Einleitung beantwortet? Trage sie in die linke Spalte der Tabelle ein.

c) Ergänze in der rechten Spalte die passenden Informationen aus der Einleitung.

W-Frage	passende Wörter/Wortgruppen

2 Die Geschichte von Leon geht weiter. Was möchtest du beim Weiterlesen gern erfahren? Notiere deine Antwort in einem Satz.

_____

_____

! **Zeitform und Erzählform einer Erzählung**

In einer schriftlichen Erzählung wird meistens die **Zeitform Präteritum** verwendet.
Eine Geschichte kann in der **Ich-Form** oder in der **Er/Sie-Form** erzählt werden.

3 Lies noch einmal die Einleitung auf Seite 5.

a) Unterstreiche die Verben im Präteritum.

b) Bestimme die Erzählform des Textes: _____

4 a) Schreibe die Einleitung so um, dass sie aus der Sicht von Leon erzählt wird. Der vorgegebene Satzanfang hilft dir dabei.

Meine Eltern waren _____

_____

_____

_____

_____

_____

b) Welche Erzählform hast du verwendet?

_____

5 Wie könnte die Erzählung weitergehen?

a) Lies die folgenden drei Schreibideen durch.

☐ **1** Leon hat Angst → geht zur Tür → sieht Eltern nach Hause kommen → ist beruhigt

☐ **2** Leon blickt aus dem Fenster → unbekannter Mann lädt großen Sack in ein Auto → fährt davon

☐ **3** Leon blickt aus dem Fenster → sieht unbekannte Person auf seinem Fahrrad davonfahren

b) Kreuze den Vorschlag an, der dir am besten gefallen hat, um eine spannende Erzählung dazu zu schreiben. Begründe deine Auswahl.

Vorschlag ☐ hat mir am besten gefallen, weil _____

_____

_____

Lösungen Standard Deutsch 5 Arbeitsheft

Eine Erzählung schreiben

SEITE 5

1 b) und **c)**

W-Frage	passende Wörter/Wortgruppen
Wer?	Leon
Wo?	zu Hause am Küchentisch
Wann?	am Abend

2 *So könnte dein Satz lauten:*
Mich interessiert, was für ein Geräusch Leon gehört hat.

SEITE 6

3 a)
Leons Eltern <u>waren</u> an diesem Abend nicht zu Hause.
Leon <u>saß</u> am Küchentisch. Vor ihm <u>stand</u> ein Teller mit Suppe.
Gerade <u>wollte</u> er zum Löffel greifen,
da <u>hörte</u> er plötzlich ein seltsames Geräusch.

3 b)
Er-Erzählform

4 a)
Meine Eltern waren an diesem Abend nicht zu Hause.
Ich saß am Küchentisch. Vor **mir** stand ein Teller mit Suppe.
Gerade wollte **ich** zum Löffel greifen,
da hörte **ich** plötzlich ein seltsames Geräusch.

4 b)
Ich-Erzählform

5 b) *So könnte eine Begründung lauten:*
Vorschlag 2 hat mir am besten gefallen, weil ich mir gerne ausdenken würde, was in dem Sack war.

SEITE 7

6 *So könnten deine Stichwörter lauten:*
Leon sucht nach Spuren – findet Zettel mit Adresse – Fabrikgebäude – Leon wird beim „Schnüffeln" von zwei Männern erwischt

7 a)
Schreibidee 2

7 b)
In diesem Moment sah ich einen Mann auf die Straße treten. Ich konnte **meinen Augen kaum trauen**: Auf der Schulter trug er einen großen Plastiksack. Er blickte sich **nervös** um, dann ging er **blitzschnell** zu seinem Wagen. **Sekunden später** hatte er den Sack im Kofferraum des Autos verstaut. **Irgendetwas stimmte hier nicht!** Ich war noch mitten in meinen Gedanken, da blickte der Unbekannte **plötzlich** nach oben, genau zu den Fenstern unserer Wohnung. Ich war wie **gelähmt vor Angst**. Ob er mich gesehen hatte?

8

brüllen	flüstern	~~fragen~~	stammeln
rufen	~~schreien~~	antworten	~~kreischen~~
~~schluchzen~~	wispern	erwidern	stottern

SEITE 8

9 a) *So könnten deine Stichwörter lauten:*
in einer Fabrikhalle – mehrere Gestalten – auch der Unbekannte – kommt direkt auf mich zu – Panik

9 b) *So könnte der Höhepunkt deiner Geschichte lauten:*
Sekunden später fand ich mich in der Fabrikhalle wieder. Als sich meine Augen an die Dunkelheit gewöhnt hatten, konnte ich mehrere Gestalten erkennen. Plötzlich kam eine der Personen auf mich zu. Ich erkannte das Gesicht des Unbekannten, den ich gestern vor unserem Haus gesehen hatte. Jetzt stand er direkt vor mir. „O nein", dachte ich, „das ist das Ende!"

10 a) und **b)**

Als ich heimkam, <u>sind</u> meine Eltern noch bei der Arbeit.	**waren**
Ich <u>machte</u> mir eine Suppe und <u>machte</u> den Fernseher an.	**Deshalb machte ich … schaltete**
<u>Dann</u> hörte <u>er</u> von draußen Geräusche.	**Plötzlich … ich**
Ich drehte den Ton des Fernsehers leise und <u>lausche</u>.	**lauschte**
<u>Dann gibt</u> es plötzlich einen gewaltigen Knall.	**In diesem Augenblick … gab**
<u>Dann ist</u> es ruhig.	**Sekunden später war es wieder**
<u>Er wagt</u> kaum zu atmen. Was war das?	**Ich wagte**

10 c) *So könnte dein überarbeiteter Textausschnitt lauten:*
Als ich heimkam, waren meine Eltern noch bei der Arbeit. Deshalb machte ich mir erst einmal eine Suppe und schaltete den Fernseher an. Plötzlich hörte ich von draußen Geräusche. Ich drehte den Ton des Fernsehers leise und lauschte. In diesem Augenblick gab es einen gewaltigen Knall. Sekunden später war es wieder ruhig. Ich wagte kaum zu atmen. Was war das?

11 a) und **b)** *So könnte eine Erzählung lauten:*

Der große Unbekannte
Meine Eltern waren an diesem Abend nicht zu Hause. Ich saß am Küchentisch. Vor mir stand ein Teller mit Suppe. Gerade wollte ich zum Löffel greifen, da hörte ich plötzlich ein seltsames Geräusch.

220003433

Erschrocken lief ich zum Fenster und sah gerade noch, wie ein Mann einen großen Sack in sein Auto lud und dann schnell wegfuhr. Es musste einen Einbruch in der Nachbarschaft gegeben haben!

Ich beschloss, der Sache auf den Grund zu gehen. Nach der Schule suchte ich auf der Straße nach Spuren. Ich hatte Glück und fand einen zerknüllten Zettel mit einer Adresse. Mit meinem Fahrrad gelangte ich kurze Zeit später an ein altes Fabrikgebäude und schlich mich hinein. Als sich meine Augen an die Dunkelheit gewöhnt hatten, konnte ich mehrere Gestalten erkennen. Plötzlich kam eine der Personen auf mich zugelaufen. Ich erkannte das Gesicht des Unbekannten, den ich gestern vor unserem Haus gesehen hatte. Jetzt stand er direkt vor mir. „O nein", dachte ich, „das ist das Ende!"

Da sprach er mich bereits an: „Nanu, du bist doch der Junge aus dem Nachbarhaus! Was machst du denn hier?" Ich stammelte etwas von „Einbruch" und „Sack". In diesem Augenblick begann der Mann schallend zu lachen. Er erklärte mir, dass er in der Fabrikhalle gerade ein Konzert organisierte. In dem Sack waren Lampen und Material zur Dekoration der Halle. „Wenn deine Eltern es dir erlauben, komm heute Abend zur Aufführung!", schlug er mir vor. „Du kannst aber natürlich auch zu Hause bleiben und aufpassen, dass keine Einbrecher kommen", fügte er grinsend hinzu.

„Was für eine verrückte Geschichte!", dachte ich und machte mich froh und erleichtert auf den Heimweg.

Zu einer Bildergeschichte erzählen

SEITE 9

1 b) *So könnten deine Stichwörter lauten:*
Bild 1: Junge steigt auf 10-Meter-Turm
Bild 2: Junge steht auf Sprungbrett, schaut ängstlich ins Wasser
Bild 3: Junge dreht wieder um
Bild 4: Junge läuft weg, die anderen schauen ihm nach

2 *So könnte deine Antwort lauten:*
Der Junge ist sehr mutig, da er nicht springt. Er nimmt sogar in Kauf, dass ihn die anderen auslachen.

3 *So könnten deine Stichwörter lauten:*
Freunde folgen dem Jungen, laden ihn zum Eis ein

SEITE 10

4 b)
Z   Z   J   J   Z

5 b) und **c)**
Wer? Lukas und seine Freunde
Wo? Freibad
Wann? ein Nachmittag in den Sommerferien

5 d)
Er-Erzählform

6 *So könnte eine Erzählung lauten:*

Eine mutige Entscheidung
Es war einer der heißesten Tage in den Sommerferien. Lukas verbrachte den Nachmittag wieder einmal zusammen mit seinen Freunden im Freibad. Sie dösten in der Sonne und beobachteten die älteren Jungen, die vom 10-Meter-Brett sprangen.

Da fasste Lukas den Entschluss, ebenfalls den Sprung vom 10-Meter-Brett zu wagen. Bevor seine Freunde etwas dazu sagen konnten, kletterte er schon die Leiter zum Sprungturm hinauf. „Das schaffe ich mit links", beteuerte er noch lässig. Als er oben angekommen war, ging er an das Ende des Sprungbretts und blickte ins Schwimmbecken hinunter. „O je, mir wird ganz mulmig …", dachte er bei sich. „Vielleicht habe ich mir da doch zu viel vorgenommen." „Was ist denn nun los?", murmelten unten die drei Zuschauer. Natürlich warteten sie auf den angekündigten Sprung. Da drehte sich Lukas plötzlich um und lief zurück zur Leiter. Er hatte sich dafür entschieden, nicht zu springen, kletterte nun die Leiter wieder hinab und lief davon. Die drei Freunde sahen ihm nach. „Das finde ich noch mutiger als zu springen", sagte Ada anerkennend. Und Recep fragte sich insgeheim: „Wie ich mich wohl entschieden hätte?"

Sie liefen ihm hinterher und klopften ihm auf die Schulter: „Jetzt hast du dir aber wirklich ein Eis verdient!"

Teste dich selbst!
Eine Erzählung schreiben

SEITE 11

1 Wer?, Wo?, Wann?

2 Den Höhepunkt einer Erzählung findet man im Hauptteil.

3 Ich **schaute** mich kurz um, dann zog ich siegessicher die Karten aus der Tasche.

4 **Ich** konnte **meinen** Eltern nicht in die Augen sehen.

5 *Diese Aussagen sind richtig:*
In einer Erzählung sind auch die Gefühle und Gedanken der Personen wichtig.
Eine Erzählung sollte wörtliche Rede enthalten.
Beim Schreiben einer Erzählung ist es wichtig, abwechslungsreich und spannend zu formulieren.
Die Überschrift einer Erzählung soll neugierig machen, aber nicht zu viel verraten.

> **Auswertung der Testergebnisse**
> **11 – 10 Punkte**
> Prima! Weiter so! Du weißt, worauf es beim Erzählen ankommt.
> **9 – 7 Punkte**
> Das war schon ganz gut. Lies noch einmal die Informationen in den Merkkästen und markiere Punkte, auf die du beim Schreiben eigener Erzählungen besonders achten möchtest.
> **6 – 0 Punkte**
> Das war noch nicht so gut. Lies das Kapitel noch einmal und präge dir alle Informationen gut ein. Markiere wichtige Informationen in den Merkkästen. Sprich anschließend gemeinsam mit einer Lernpartnerin / einem Lernpartner noch einmal die Testaufgaben durch.

Ein Tier beschreiben

SEITE 12

1 b) *Folgende Merkmale passen zu Tier 1:*
hellgelber Schnabel, Weißkopfseeadler, weißer Kopf, Flügelspannweite 1,80–2,30 m, dunkelbraune Flügel, ernährt sich von Fischen und Wasservögeln

SEITE 13

1 c)
Tierart: Weißkopfseeadler
Aussehen: – weißer Kopf
– hellgelber Schnabel
– dunkelbraune Flügel
Größe: Flügelspannweite 1,80–2,30 m
Nahrung: Fische und Wasservögel

2
Der Weißkopfseeadler ist in den Rocky Mountains beheimatet. Er hat einen weißen Kopf, einen hellgelben Schnabel und dunkelbraune Flügel. Seine Flügelspannweite beträgt 1,80–2,30 m. Der Weißkopfseeadler ernährt sich hauptsächlich von Fischen und Wasservögeln.

3 a)
Tierart: Wolf
Aussehen: – helles, schwarzes oder graues Fell
– buschiger Schwanz
Größe: Schulterhöhe 70–90 cm
Nahrung: jagt mittelgroße bis große Säugetiere

3 b) *So könnte deine Beschreibung lauten:*
Der Wolf hat ein helles, schwarzes oder graues Fell und einen buschigen Schwanz. Er kann eine Schulterhöhe von 70–90 cm erreichen. Seine Nahrung besteht aus mittelgroßen bis großen Säugetieren.

Einen Weg beschreiben

SEITE 14

1 b)
David befindet sich **vor dem Hauptbahnhof**.

1 c)
Yannik wohnt **in der Birkengasse**.

SEITE 15

2
Die Frau geht **über** die Brücke.
Der Junge steht **vor** dem Bahnhof.
Das Kino liegt **neben** der Post.

3 b) […]
David: „Ich stehe gerade noch **vor** dem **Bahnhof**."
Yannik: „Gut, dann gehst du jetzt zuerst über die **Bahnhof-straße** und dann **geradeaus** in die **Sonnenstraße**. Nach etwa 20 Metern biegst du hinter dem **Technikmuseum** links in den **Schillerbogen** ein. Nach etwa 100 Metern siehst du dann auf der **rechten** Seite den **Sportplatz**.

3 c) *So könnte deine Wegbeschreibung lauten:*
Hier biegst du rechts in die Neue Dorfstraße ein. Nach etwa 50 Metern biegst du ein Stück hinter der Schule links in den Marienweg ein und folgst diesem geradeaus bis zum Ende.

Dort biegst du rechts in die Birkengasse ein und gehst sie fast bis zum Ende. Jetzt siehst du mein Haus gleich auf der linken Seite.

Teste dich selbst!
Beschreiben

SEITE 16

1 a)

Größe	Körperlänge 35 cm
Aussehen/Farbe	dunkelbraunes bis schwarzes Fell
Tierart	Bisamratte
besonderes Kennzeichen	kann Ohren wasserdicht verschließen

1 b) *Diese Oberbegriffe könnten ergänzt werden:*
Nahrung , Verhalten, Lebensraum

2 b)
~~Mein Vater hat mir Pica zum 10. Geburtstag geschenkt.~~ Pica ist eine europäische Kurzhaarkatze. ~~Ihren Namen konnte ich mir erst gar nicht merken.~~
Pica ist mittelgroß, also von Kopf bis Fuß etwa 40 cm hoch. Picas Gewicht liegt ungefähr bei 6 Kilogramm. ~~Das ist gar nicht mal so schwer.~~ Ihr Fell ist grau getigert und ziemlich kurz. ~~Sie ist die süßeste Katze der Welt!~~

2 c)
Die Sätze sind **nicht sachlich**.

3
Am Anfang einer Wegbeschreibung nennst du
den Ausgangspunkt.

Auswertung der Testergebnisse
11–10 Punkte
Gut gemacht! Weiter so! Du weißt, worauf es bei einer Beschreibung ankommt.
9–7 Punkte
Das war schon ganz gut. Mit ein bisschen Übung wird's bestimmt noch besser! Lies noch einmal die Informationen in den Merkkästen. Markiere, was du besonders beachten musst, wenn du eine Beschreibung verfasst.
6–0 Punkte
Das war noch nicht so gut. Arbeite das Kapitel noch einmal durch und präge dir alle Informationen zum Verfassen einer Beschreibung gut ein. Markiere in den Merkkästen Punkte, die du dir besonders merken willst.

Einen Sachtext lesen

SEITE 17

1 *So könnte deine Lösung lauten:*
Es wird erklärt, was ein Siebenschäfer ist, wie er aussieht und was er für Gewohnheiten hat.

2 a)

nachtaktiv (Z. 5)	tagsüber schlafen und nachts wach und in Bewegung sein
der Kletterzeh (Z. 8)	Zehen, mit denen ein Tier klettern kann
der Laubwald (Z. 13)	ein Wald, der aus Laubbäumen besteht
das Fettpolster (Z. 18)	ein Polster aus Fett, also eine zusätzliche Fettschicht, die sich das Tier für den Winterschlaf anfrisst

2 b)

Ein „Sekret" (Z. 9) ist eine Flüssigkeit, die in Drüsen entsteht.

3 a) und **b)** *So könnten deine Markierungen aussehen und deine Überschriften lauten:*

Der Siebenschläfer

Die mausähnlichen Siebenschläfer haben einen spitzen Kopf und einen buschigen Schwanz. Besonders auffallend sind die schwarzen Augen, die großen Ohren und die 6 cm langen Tasthaare. Damit können sich die nachtaktiven Tiere gut in der Dunkelheit zurechtfinden. Ihr dichtes Fell ist auf dem Rücken grau und am Bauch etwas heller. Sie wiegen 80 bis 120 g. — Das Aussehen des Siebenschläfers

Die guten Kletterer haben lange, gelenkige Kletterzehen und ein klebriges Sekret an den Füßen, damit sie beim Klettern nicht herunterfallen. Sie können sogar meterweit springen, um auf weit entfernte Äste zu kommen. — Besondere Fähigkeiten

Siebenschläfer leben nicht nur in Laubwäldern, sondern auch in Scheunen und auf dem Dachboden. — Der Lebensraum

Sie ernähren sich von Samen, Früchten, Schnecken, Insekten, Vogeleiern, Bucheckern, Eicheln, Nüssen und Kastanien. — Die Ernährung

Nachdem sie sich im Herbst ein großes Fettpolster angefressen haben, liegen sie sieben Monate zusammengerollt auf dem Rücken, ihren Schwanz über Bauch und Kopf gelegt. Während des Winterschlafs verlieren sie die Hälfte ihres Gewichts. — Der Winterschlaf

Ihre bevorzugten Schlafplätze sind Erd- und Spechthöhlen, große Astlöcher, Jagdhütten oder Scheunen. — Die Schlafplätze

4

„ ... liegen sie sieben Monate zusammengerollt auf dem Rücken, ihren Schwanz über Bauch und Kopf gelegt." (Z. 19)

5 a) *Diese schwierigen Wörter hättest du klären können:*
der Jungvogel (Z. 5) – junger Vogel
gebären (Z. 6) – zur Welt bringen
die Tragzeit (Z. 7) – „Schwangerschaft" bei Tieren
der Wurf (Z. 7) – die Geburt mehrerer junger Tiere
vermehrt (Z. 9) – stärker als sonst
sich balgen (Z. 11) – miteinander ringen, raufen

5 b) und **c)**
– Winterschlaf: Ende Sept. bis Anfang Mai
– Gewohnheit: nachtaktiv ✓
– Ernährung: vor allem pflanzliche Nahrung wie Obst, ✓ Samen ✓, Blätter- und Blütenknospen und Pilze, dazu Insekten, Schnecken, Eier ✓ und Jungvögel
– Fortpflanzung: einmal im Jahr nach einem Monat Tragzeit ein Wurf von 5–7 Jungtieren; erst nach 6–7 Wochen selbstständig

5 d) *So könnte deine Antwort lauten:*
Ich finde erstaunlich, dass Siebenschläfer auch Jungvögel fressen und dass sie manchmal in Gebäuden leben.

6 *Dies könnte deine Meinung dazu sein:*
Ich finde schon, dass man einen Siebenschläfer als „Faultier" bezeichnen kann, denn er verschläft mehr als die Hälfte des Jahres. In der Zeit, in der er wach ist, ist er allerdings ein sehr lebendiges und aktives Tier.

Tabellen lesen

1 a)
Wilhelma Stuttgart: Tierbestand (Stand 2007);
Allwetterzoo Münster: Anzahl der Tiere per 31.12.2007

2

In den **Zeilen** wird angegeben, welche Tiergruppen es gibt.
In den **Spalten** wird angegeben, wie viele Tierarten und wie viele einzelne Tiere (Individuen) es von jeder Art gibt.

3

	Wilhelma Stuttgart	Allwetterzoo Münster	Zoo Berlin
Die Tabelle bezieht sich auf das Jahr 2007.	X	X	X
Die Tabelle führt sechs Tiergruppen auf.	X	X	X
In den Zeilen werden zuerst die Säugetiere genannt, zuletzt die Wirbellosen.	X		X
In den Spalten wird zuerst die Anzahl der Arten (Formen) genannt, dann die Zahl der einzelnen Tiere (Individuen).	X		
In der letzten Zeile wird die Gesamtzahl der Tiere genannt.	X	X	X

4 a) und **b)**
Die Wilhelma hat mehr als doppelt so viele Tiere wie der Allwetterzoo. **r**
Der Zoo mit den meisten Tieren ist in Berlin. **r**
In der Wilhelma gibt es weniger Fischarten als in den anderen beiden Zoos. **f**
In der Wilhelma gibt es mehr Fischarten als in den anderen beiden Zoos (Wilhelma: 450 Arten; Berliner Zoo: 392 Arten; Allwetterzoo Münster: 96 Arten).
Der Zoo in Münster besitzt nur 8 Amphibien. **f**
Der Allwetterzoo Münster besitzt 59 Amphibien (in 8 Arten).
Der Berliner Zoo hat fast doppelt so viele Säugetiere wie der Zoo in Münster. **r**

Teste dich selbst!
Einen Sachtext lesen

SEITE 22

1 *So könnte dein Satz lauten:*
Es geht darum, dass Piranhas Schwärme bilden, um sich vor Feinden zu schützen.

2 a)
Piranhas haben einen flachen Körper. **Z. 4–5**
Die Piranhas können jederzeit von Delfinen, Krokodilen oder Raubfischen angegriffen werden. **Z. 12–13**
Wenn es geregnet hat oder der Schnee in den Bergen schmilzt, steigt das Wasser in den Flüssen. **Z. 21–23**

SEITE 23

2 b) *Dies könnten deine Zwischenüberschriften sein:*
Z. 1–3: Lebensraum der Piranhas
Z. 4–6: Aussehen
Z. 7–8: Nahrung

3 a) *Folgende Frage trifft zu:*
Warum bilden Piranhas Schwärme?

3 b) *Folgende Textstellen enthalten die Antwort auf die Frage in Aufgabe 3a):*
Einleitungstext: Sie bilden nur deshalb große Schwärme, um sich vor Angreifern zu schützen.
Zeile 10 f.: Jetzt haben wir herausgefunden, dass es hauptsächlich ein Schutzverhalten ist […]
Zeile 13 f.: „Ihr vorsichtiges Verhalten verhindert, dass sie aufgefressen werden" […]

4 *Diese Aussage ist richtig:*
Piranhas bilden besonders große Schwärme, wenn der Wasserstand niedrig ist, denn dann haben sie weniger Platz, um Raubfischen auszuweichen.

5 b)

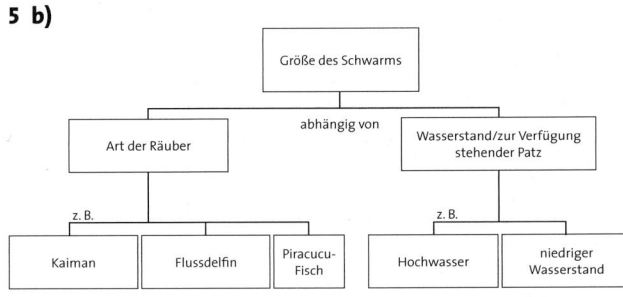

Einen Erzähltext lesen

SEITE 24

1 *So könnte deine Vermutung lauten:*
Vermutlich geht es in der Erzählung um ein Kind, das sich das Knie verletzt hat.

2
Die Erzählung spielt auf einem Spielplatz.
Die wichtigste Figur ist ein Mädchen namens Moni.

SEITE 25

3 *So könnte dein Satz lauten:*
Es geht um ein Mädchen namens Moni, das beim Spielen auf dem Spielplatz hinfällt, sich das Knie verletzt und anschließend von ihrem großen Bruder getröstet wird.

SEITE 26

4 *So könnten die zusammenfassenden Sätze lauten:*
Z. 1–11: Moni weint, weil sie nach einem Sturz am Knie blutet.
Z. 12–19: Ihr großer Bruder Andi eilt herbei.
Z. 20–43: Andi kümmert sich um Moni.
Z. 44–56: Moni hat sich beruhigt und Andi bringt sie nach Hause.

5
bäuchlings (Z. 3): auf dem Bauch
plärren (Z. 6): laut weinen
horchen (Z. 13): genau hinhören
kommandieren (Z. 30): befehlen
keinen Finger rühren (Z. 30 f.): nichts tun
jemanden huckepack nehmen (Z. 56): jemanden auf dem Rücken tragen

6 a) *So könnte deine Antwort lauten:*
Sie plärrt und brüllt,
– weil sie Blut aus ihrer Wunde am Knie laufen sieht (Z. 5),
– weil sie hört, dass ihre Verletzung „übel" aussieht (Z.10),
– weil sie ihren großen Bruder sieht, der nicht auf sie aufgepasst hat (Z.18).

6 b) *So könnte deine Antwort lauten:*
Sie soll
– still sein, damit sie merkt, wie weh es tut (Z. 22 f.),
– ihre Hose hochkrempeln, um ihre Wunde zu sehen
  (Z. 25 f.),
– hinhören, wie weh die Wunde tut (Z. 35 f.).

7 a) *So könnte deine Antwort lauten:*
Sie „gackern durcheinander" (Z. 9 f.) und reden nicht <u>mit</u>
Moni, sondern <u>über</u> sie. So machen sie ihr noch mehr Angst.

7 b) *So könnte deine Antwort lauten:*
Andi fordert seine Schwester auf, sich genau auf ihre
Wunde zu konzentrieren. Dies lenkt sie vom Weinen ab.
Am Ende merkt sie, dass es gar nicht so sehr weh tut, und
beruhigt sich.

7 c) *So könnte deine Meinung lauten:*
Andi ist ein guter großer Bruder, denn es gelingt ihm, seiner
Schwester die Angst zu nehmen. Er nimmt sie ernst und
verzichtet sogar auf das Fußballspiel, um sie zu trösten.

Teste dich selbst!
Eine Erzählung lesen

SEITE 27

1 *So könnte deine Vermutung lauten:*
Es geht um eine Mutter, die immer alles verbietet.

2 *So könnten deine Stichwörter lauten:*
Mutter erlaubt Franka die Radtour mit ihren Freundinnen

3 *So könnte dein Satz lauten:*
Franka nimmt an, dass ihre Mutter ihr die Radtour
verbieten wird.

> **Auswertung der Testergebnisse**
> **18 – 16 Punkte**
> Sehr gut! Weiter so! Du hast den Text gut verstanden
> und bist auf dem besten Weg, ein „Leseprofi" zu werden.
> **15 – 11 Punkte**
> Das war schon ganz gut. Lies den Text erneut und
> bearbeite noch einmal die Aufgaben, bei denen du
> Schwierigkeiten hattest. Kläre noch offene Fragen
> zusammen mit einer Lernpartnerin / einem Lernpartner.
> **10 – 0 Punkte**
> Das war noch nicht so gut. Lies den Text noch einmal
> gründlich und besprich die Aufgaben zusammen mit
> einer Lernpartnerin / einem Lernpartner. Beantworte sie
> dann noch einmal schriftlich in deinem Heft.

SEITE 28

4 a) und **b)** *So könnten die Überschriften lauten:*
Einleitung (Z. 1–4): Frankas Erwartungen
Hauptteil (Z. 5–21): Das Streitgespräch
Schluss (Z. 22–28): Mutter sagt ja

4 c)
Zeile 5 bis 21

5

Tochter	Mutter
Freundinnen fahren auch mit (Z. 5 f.)	ist mir ganz gleichgültig (Z. 7)
sind doch keine Kinder mehr (Z. 11)	ist zu gefährlich (Z. 10)
man muss lernen, sich in der Welt zurechtzufinden (Z. 12 f.)	aber langsam und vorsichtig, nach und nach (Z. 14 f.)

6 *So könnte deine Antwort lauten:*
Mir gefällt das Ende gut, weil man nicht damit rechnet,
dass Frankas Mutter ihr die Radtour erlaubt.

Ein Gedicht untersuchen

SEITE 29

1 *So könnte deine Antwort lauten:*
Es geht in dem Gedicht um einen Kindertraum, in dem viele
verschiedene Märchen vorkommen, die durcheinandergeraten sind.

SEITE 30

2 a)
Z. 6: Frau Holle, Zwerg Nase; Z. 7: Dornröschen;
Z. 8: Froschkönig; Z. 9: Rapunzel; Z. 10: Rotkäppchen;
Z. 11: der Wolf, Sterntaler; Z. 12: die sieben Geißlein;
Z. 13: Hänsel und Gretel, Hans im Glück

2 b)
Moby Dick (Z. 13)

3

Lösungswort: Aschenputtel

SEITE 31

4 a)
Das Gedicht besteht aus **fünf Strophen** mit je **vier Versen**.

4 b) *Diese Reimwörter solltest du unterstrichen haben:*
1. Strophe: Saum – Kindertraum; Duft – Frühlingsluft
2. Strophe: erzählt – vermählt; erfand – Hand
3. Strophe: Haar – war; zahlt – gemalt
4. Strophe: Glück – zurück; Saum – Traum

5. Strophe: früh – nie; dazu – du
Als Reimschema wurde der **Paarreim** verwendet.

5 *So könnte eine weitere Strophe lauten:*
Der gestiefelte Kater putzt **Schneeweißchen** die Schuh
und **Rosenrot** schaut dabei **zu**.
Gemeinsam treffen sie später **Schneewittchen**
und landen unerwartet im Kittchen.

6 a) *Diese Märchenfiguren könntest du nennen:*
die Hexe, Aschenputtel, Rumpelstilzchen, das tapfere
Schneiderlein, die böse Königin, ...

6 b) *So könnten deine Reimwörter lauten:*
Hexe – Echse, Kleckse
Schneiderlein – schön sein, fein, allein

6 c) *So könnte dein Vierzeiler lauten:*
Der Kater
machte ein großes Theater,
als Rosenrot
ihm das Jagen von Mäusen verbot.

Teste dich selbst!
Ein Gedicht untersuchen

SEITE 32

1 b)
Das Gedicht handelt von drei Jägern, die einen Hirsch
erjagen wollen.

2 a)
Das Gedicht besteht aus sieben **Strophen** mit je zwei oder
drei **Versen**.

2 b)
Paarreim

3
1. Abschnitt: drei Jäger wollen Hirsch jagen, schlafen ein
2. Abschnitt: Träume der Jäger: Hirsch sehen, auf ihn
schießen, auf dem Jagdhorn blasen
3. Abschnitt: Hirsch rennt vorbei und verschwindet

4 *So könnte eine selbst ausgedachte Strophe lauten:*
Der vierte.
Wir bewunderten das weiße Fell
und trugen die Beute nach Hause schnell.

Auswertung der Testergebnisse
9–8 Punkte
Super! Weiter so! Du beherrschst die Schritte zum
Erarbeiten eines Gedichts gut.
7–5 Punkte
Nicht schlecht, aber das kannst du noch besser! Besprich
die Aufgaben, bei denen du Schwierigkeiten hattest, mit
einer Lernpartnerin / einem Lernpartner und wiederhole
noch einmal das Merkwissen aus dem Kapitel.
4–0 Punkte
Das war noch nicht so gut. Kläre schwierige Textstellen
zusammen mit einem Lernpartnerin / einem Lernpartner. Wiederholt die Schritte, die ihr in diesem Kapitel
gelernt habt, und markiert wichtige Informationen.
Sprecht dann gemeinsam über das Gedicht und
bearbeitet noch einmal die Aufgaben.

Nomen untersuchen

SEITE 33

1

Lebewesen/ Personen	Gegenstände	unsichtbare Dinge
die Sängerin	die Gitarre	das Herzklopfen
der Tontechniker	der Schein- werfer	die Unruhe
der Sanitäter	das Schlagzeug	der Lärm

2 a) und **b)**
1. Schlagzeug – Gitarre – ~~Bühne~~ – Trompete → **Musik- instrumente**
2. Reporter – Sänger – Techniker – ~~Fan~~ → **Berufe**
3. Angst – ~~Hitze~~ – Nervosität – Anspannung → **Gefühle**

3
1 Kasten Mineralwasser → 3 **Kästen** Mineralwasser
1 Fan-Ausweis → 10 Fan-**Ausweise**
1 Tüte Chips → 4 **Tüten** Chips
1 Klappstuhl → 5 **Klappstühle**

SEITE 34

1 b), c) und **d)**
Wer ist oft im Fernsehen zu sehen?
Der Sänger ist oft im Fernsehen zu sehen.
Wessen Lieder kennt fast jeder?
Die Lieder des Sängers kennt fast jeder.
Wem schreiben die Fans jeden Tag Briefe?
Die Fans schreiben dem Sänger jeden Tag Briefe.
Wen möchten sie gerne in einem Konzert sehen?
Sie möchten den Sänger gerne in einem Konzert sehen.

2 a) und **c)**
Der Schüler freute sich riesig.
Ein Cousin des Schülers lud ihn zu einem Popkonzert ein.
Alle Freunde wünschten dem Schüler viel Spaß.
Der Cousin holte den Schüler ab.

2 b) und **c)**
Die Schülerin freute sich riesig.
Ein Cousin der Schülerin lud sie zu einem Popkonzert ein.
Alle Freunde wünschten der Schülerin viel Spaß.
Der Cousin holte die Schülerin ab.

Das Kind freute sich riesig.
Ein Cousin des Kindes lud es zu einem Popkonzert ein.
Alle Freunde wünschten dem Kind viel Spaß.
Der Cousin holte das Kind ab.

Adjektive untersuchen

SEITE 35

1 b)

Tänzerinnen und Tänzer gesucht!
Im kommenden Sommer wollen wir auf der **schönen** Insel
Ibiza ein **aufregendes** Musikvideo drehen. Dafür suchen
wir noch **junge** Tänzer. Du kennst dich mit Hip-Hop aus und
trägst gerne **modische** Kleidung? Dann bist du bei uns

genau richtig. Das Vortanzen findet am Freitag, 10. März, in der **alten** Fabrikhalle statt. Bring bitte **bequeme** Schuhe mit.

2
laut, hell, kurz, langsam, voll

3 a) und **b)**

Adjektiv	Adjektiv mit gegensätzlicher Bedeutung
laut	leise
hell	dunkel
kurz	lang
langsam	schnell
voll	leer

SEITE 36

1 a) und **b)**
Ein Stadion ist **größer** <u>als</u> eine Konzerthalle.
Ein Scheinwerfer leuchtet **heller** <u>als</u> eine einfache Lampe.
Das Konzert dauerte **länger** <u>als</u> erwartet.

2 a) und **b)**

Positiv (Grundform)	Komparativ (1. Vergleichsstufe)	Superlativ (2. Vergleichsstufe)
groß	größer	am größten
hell	heller	am hellsten
lang	länger	am längsten

3
gut – besser – am besten
viel – mehr – am meisten
hoch – höher – am höchsten

4 *So könnte deine Antwort lauten:*
Die Adjektive *schwanger* und *tot* können nicht sinnvoll gesteigert werden.

Verben untersuchen

SEITE 37

1 a)
Nächste Woche <u>veranstaltet</u> unsere Schule eine Projektwoche.
Die Schülerinnen und Schüler <u>entscheiden</u> sich für ein Projekt ihrer Wahl.
Unsere Klasse <u>probt</u> ein Theaterstück für das Schulfest.
Ich <u>spiele</u> einen Rockstar und <u>singe</u> sogar!
Wir <u>freuen</u> uns schon riesig auf die Aufführung.
Hoffentlich <u>kommt</u> ihr alle!

1 b)
sie veranstaltet – 3. Pers. Sgl.; sie entscheiden – 3. Pers. Pl.;
sie probt – 3. Pers. Sgl.; ich spiele – 1. Pers. Sgl.;
ich singe – 1. Pers. Sgl.; wir freuen – 1. Pers. Pl.;
ihr kommt – 2. Pers. Pl.

2 a) *Diese zweiteiligen Verben lassen sich bilden:*
– abstellen, abschalten, abziehen, absagen
– einschalten, einstellen, einsagen, einziehen, einsingen
– aufsagen, aufstellen, aufziehen
– vorsingen, vorstellen, vorschalten, vorsagen, vorziehen
– umziehen, umstellen, umschalten

2 b) *So könnten deine Sätze lauten:*
Die Band sagt ihren Auftritt ab.
Der Gitarrist schaltet seine E-Gitarre ein.
Die Polizei stellt vor der Halle Absperrgitter auf.
Tom singt seiner kleinen Schwester ein Lied vor.
Die Künstler ziehen sich in der Garderobe um.

Die Zeitform des Verbs kennen

SEITE 38

1 b)
Marie übt ein schwieriges Stück auf dem Klavier. → geschieht gerade
Hip-Hop ist eine Musikrichtung. → allgemein gültig
Ein Orchester besteht aus mehreren Musikern und einem Dirigenten. → allgemein gültig
Svens Band probt für den Auftritt in Frankfurt. → geschieht gerade
Ayse ist nicht da, sie ist bei einer Freundin. → geschieht gerade
„Carmen" ist der Titel einer bekannten Oper. → allgemein gültig
Marek ist beim Vorsingen an der Reihe. → geschieht gerade

2 a) und **b)** *So könnte deine Lösung lauten:*
Die Band Sunrise <u>geht</u> **bald** für drei Monate auf Tournee.
Spätestens **übermorgen** <u>verfassen</u> wir den Liedtext.
Tristan und Marek <u>kommen</u> **später** noch zur Bandprobe.
Nächsten Monat <u>erscheint</u> endlich die neue Single von „Ace".

SEITE 39

1 a) und **b)**
Gestern <u>kauften</u> wir uns die Karten für das Konzert im Mai.
Fabrizio <u>ergatterte</u> ein Autogramm.
Beim Konzert (sprang) der Sänger von der Bühne.
Lisa (rief) nach ihren Freundinnen.
Ann-Marie <u>klebte</u> das neue Poster ihres Idols an die Wand.

2 *So lauten die Verbformen im Präteritum:*
gehörte, besaßen, begann, sang, entwickelte, waren, spielten

SEITE 40

1

ich **habe** gespielt	sie (Pl.) **sind** geflogen
wir **sind** gegangen	ihr **habt** gewonnen
du **hast** geholfen	es **hat** geklappt

2

B	E	G	O	N	N	E	N	
		G	E	Z	O	G	E	N
		G	E	F	A	H	R	E	N
V	E	R	L	O	R	E	N	
		G	E	M	A	C	H	T
	G	E	R	E	G	N	E	T
		G	E	T	A	N	Z	T

Lösung: **gefragt**

3

Gestern **sind** wir zum Konzert der „Lauten Töne" **gefahren**. Das Konzert **hat** erst mit einer Stunde Verspätung **begonnen**. Dann **hat** es auch noch während des ganzen Konzerts **geregnet** und ich **habe** meinen Schal **verloren**. Die Band **hat** aber mal wieder fantastisch gesungen und **getanzt**. Wir **haben** pausenlos Fotos **gemacht**. Am Ende **hat** der Sänger Bine auf die Bühne **gezogen**!

Teste dich selbst!
Wortarten

SEITE 41

1

die Bühne, die Halle, der Sänger, die Stimme, die Probe

2

die Gitarre – **die Gitarren**   der Ton – **die Töne**
der Sänger – **die Sänger**   das Konzert – **die Konzerte**

3

Positiv (Grundform)	Komparativ	Superlativ
weit	weiter	am weitesten
hoch	höher	am höchsten
viel	mehr	am meisten

4

Präsens	Präteritum	Perfekt
ich tanze	ich tanzte	ich habe getanzt
wir gehen	wir gingen	wir sind gegangen
du sagst	du sagtest	du hast gesagt
er bringt	er brachte	er hat gebracht
sie singen	sie sangen	sie haben gesungen

Satzarten unterscheiden

SEITE 42

1

Silvio und Pascal kommen mit zum Konzert. → **Aussagesatz**
Hat es während des gesamten Konzerts geregnet?
→ **Fragesatz**
Nimm eine warme Jacke zum Konzert mit, Alice!
→ **Aufforderungssatz**

2 b)

Janina: „Das Konzert war der pure Wahnsinn**!**"
Luca: „Ist euch die coole Frisur des Sängers aufgefallen**?**"
Marco: „Janina, gib mir mal deine Kamera**!**"
Janina: „Warum**?**"
Marco: „Ich möchte gern ein Foto von uns allen machen**.**"
Janina: „Das ist eine super Idee**!**"

3 *So könnten deine Sätze lauten:*
„Weiter vorne kann man die Band besser sehen." →
„Wollen wir weiter nach vorne gehen?" / „Lasst uns weiter nach vorne gehen!"
„Müssen wir jetzt schon gehen?" → **„Ich möchte noch länger bleiben."**

Das Prädikat untersuchen

SEITE 43

1

Vor der Aufnahmeprüfung <u>wiederholt</u> Nele in Gedanken ihren Text. Adrian <u>stimmt</u> noch einmal seine Gitarre. An einer Pinnwand <u>hängt</u> ein Zettel mit den Namen aller Kandidaten. Jetzt <u>öffnet</u> sich die Tür zum Prüfungszimmer. Ein Prüfer <u>ruft</u> Pierres Namen. Er <u>atmet</u> noch einmal tief <u>durch</u> und <u>folgt</u> dem Prüfer in das Zimmer. Er <u>hat</u> jetzt keine Angst mehr. Schließlich <u>hat</u> er wochenlang <u>geübt</u>.

2 b) und **c)**
Tom <u>hat</u> seinen Schal auf der Heimfahrt im Zug **vergessen**.
Wir <u>sind</u> für das Konzert sogar bis nach Frankfurt **gefahren**.
Die Gruppe <u>hat</u> hart für diesen Auftritt **geübt**.
Die Fans <u>haben</u> nichts von der Überraschung **gewusst**.
Wir <u>sind</u> vor etwa einer halben Stunde **angekommen**.
Ich <u>bin</u> gestern auf der Festwiese **gestürzt** und <u>habe</u> mir dabei das Handgelenk **gebrochen**.

SEITE 44

1 a) und **b)**

Das sagt Pia:	Das fragt Tarek:	So antwortet Pia:
Ich war heute den ganzen Tag im Verlag.	Wer war heute den ganzen Tag im Verlag?	Ich.
Das Verlagsgebäude ist riesengroß.	Was ist riesengroß?	Das Verlagsgebäude.
Die Redakteurin Kim ist sehr nett.	Wer ist sehr nett?	Die Redakteurin Kim.
In Kims Büro stehen drei Computer.	Was steht in Kims Büro?	Drei Computer.

1 c)

<u>Ein ganzes Team</u> arbeitet an einem Artikel.	Wer arbeitet an einem Artikel?	Ein ganzes Team.
Nächste Woche interviewt <u>Kim</u> meine Lieblingsband.	Wer interviewt deine Lieblingsband?	Kim.

SEITE 45

2 *So könnten deine Sätze lauten:*
Meine Freundin hört gerne Musik.
Am liebsten schaut **Opa** fern.
Meine Mutter hilft mir oft.
Klassenarbeiten machen mir manchmal Angst.
Mein erster Schultag ist für mich unvergesslich!

3 a) und **b)**

(Eine Journalistin) **führte** ein Interview mit dem Veranstalter.

Stundenlang **warteten** (die Fans) auf die Band.

(Zwei Sanitäter) **versorgten** einen ohnmächtigen Jungen.

Wegen der großen Menschenmenge **fuhr** (der Bus) nur sehr langsam.

Die Aufnahmen aus dem Stadion **machte** (ein erfahrenes Fernsehteam.)

(Polizisten) **verhafteten** einen Randalierer.

4

(Noah) <u>schenkt</u> seiner Schwester Lucy eine Konzertkarte.

Jeden Donnerstag <u>gehen</u> (Lukas und Leonie) zum Tanzkurs.

Auch (**ein Superstar**) <u>trainiert</u> hart für den Erfolg.

(**Mareks Eltern**) <u>arbeiten</u> als Schauspieler.

(**Wir**) <u>suchen</u> einen neuen Gitarristen.

(**Die Vorstellung**) <u>hat</u> zwei Stunden <u>gedauert</u>.

(**Ich**) <u>bewerbe</u> mich beim Casting.

Objekte untersuchen

SEITE 46

1 a)
Lucilla kauft **drei Konzertkarten**.
Die Jury prüft **die Kandidaten**.
Das Album enthält **fünf neue Lieder**.

1 b)
Die drei Satzglieder antworten alle auf die Frage **„Wen oder was?"** und sind deshalb **Akkusativ**-Objekte.

2
Die Technikerin verlegt <u>die Stromkabel</u>. → **Akkusativ-Objekt**
Ein Sanitäter hilft <u>einem ohnmächtigen Jungen</u>. → **Dativ-Objekt**
Die Pressefotografen machen <u>viele Bilder</u>. → **Akkusativ-Objekt**
Die Fans fahren <u>dem Tourbus</u> hinterher. → **Dativ-Objekt**

3 *So könnte deine Lösung lauten:*
Der Modedesigner entwirft **ein Kleid**.
Die Fans jubeln **dem Sänger** zu.
Der Manager sagt **den Termin** ab.

Die Umstellprobe anwenden

SEITE 47

1 a)
Die Jury | überreichte | dem außergewöhnlich begabten Sänger | seinen ersten Musikpreis.

1 b)
Satz 1: Dem außergewöhnlich begabten Sänger überreichte die Jury seinen ersten Musikpreis.
Satz 2: Seinen ersten Musikpreis überreichte die Jury dem außergewöhnlich begabten Sänger.
Satz 3: Überreichte die Jury dem außergewöhnlich begabten Sänger seinen ersten Musikpreis?

1 c)
Subjekt: die Jury
Prädikat: überreichte
Dativ-Objekt: dem außergewöhnlich begabten Sänger
Akkusativ-Objekt: seinen ersten Musikpreis

Teste dich selbst!
Satzarten und Satzglieder bestimmen

SEITE 48

1 a) und **b)**
Kommst du mit zu Timos Bandprobe**?   Fragesatz**
Hört auf zu drängeln**!   Aufforderungssatz**
Inga hat sich eine neue CD gekauft**.   Aussagesatz**

2
Das Konzert <u>beginnt</u> um 20 Uhr.
Die Künstler <u>sind</u> vor zehn Minuten <u>angekommen</u>.
<u>Hast</u> du schon das neue Lied <u>gehört</u>?

3

<u>Eine große Menschenmenge</u> stand vor der Halle. → **Subjekt**
Tobias besitzt <u>eine große CD-Sammlung</u>. → **Akkusativ-Objekt**
<u>Gitarrenmusik</u> höre ich am liebsten. → **Akkusativ-Objekt**
Hast du <u>mir</u> ein Autogramm mitgebracht? → **Dativ-Objekt**

4

Der Beispielsatz enthält **kein Dativ-Objekt.**

5

Die anderen Teilnehmer | gönnten | der jungen Sängerin |
den Sieg.
Die anderen Teilnehmer: Subjekt
gönnten: Prädikat
der jungen Sängering: Dativ-Objekt
den Sieg: Akkusativ-Objekt

Auswertung der Testergebnisse
18–16 Punkte
Klasse! Weiter so! Das Bestimmen von Satzarten und
Satzgliedern gelingt dir schon sehr gut.
15–9 Punkte
Das war schon ganz gut. An welchen Stellen hattest du
Schwierigkeiten? Arbeite die Seiten im Kapitel zu diesen
Bereichen noch einmal durch und übe die Begriffe für
die Satzglieder sowie die entsprechenden Fragen.
8–0 Punkte
Das war noch nicht so gut. Arbeite das Kapitel noch
einmal gründlich durch und präge dir die wichtigen
Begriffe und Fragen ein. Beantworte die Testfragen
dann noch einmal gemeinsam mit einer Lernpartnerin /
einem Lernpartner und begründet die Lösungen.

Richtig abschreiben

SEITE 49

2
die Bl**ä**tter → **das Blatt**; die N**ä**hrstoffe → **die Nahrung**;
die **Ä**ste → **der Ast**; h**ä**ngen → **der Hang**;
ängstlich → **die Angst**

3 a)
der Duf**t** – **die Düfte**; der Ran**d** → **die Ränder**;
das Wor**t** – **die Worte / die Wörter**

3 b)
die Ban**k** → **die Bänke**; die Bur**g** → **die Burgen**;
der Ta**g** → **die Tage**; das Wer**k** → **die Werke**

Wörter mit langen Vokalen

SEITE 52

1 a) und **b)**
Dazu trank sie <u>Kaffee</u>,
denn sie mochte keinen <u>Tee</u>.

Zu einem Fest im großen <u>Saal</u>,
kochte sie für alle <u>Aal</u>.

Sie tanzten bis zum Morgenrot
Dann fuhren sie zusammen <u>Boot</u>.

1 c)
aa: Saal, Aal
ee: Fee, Püree, Kaffee, Tee
oo: Boot

2 a)
die Stachelbeere, die Himbeere, die Heidelbeere,
die Brombeere

2 b) *Diese Beeren hättest du nennen können:*
die Johannisbeere, die Weinbeere, die Blaubeere,
die Preiselbeere

3 *So könnten deine Sätze lauten:*
Mein Opa besitzt ein eigenes <u>Boot</u>.
Ich habe noch nie einen <u>Aal</u> gesehen.
Im Sommer esse ich oft <u>Erdbeeren</u> mit Sahne.
Gibt es eigentlich <u>Himbeertee</u>?
Der Ball fand in einem großen <u>Saal</u> statt.

SEITE 53

1 b) und **c)**
die St<u>ie</u>fel, die Z<u>ie</u>ge, die G<u>ie</u>ßkanne, die W<u>ie</u>se, die B<u>ie</u>ne,
die Zw<u>ie</u>bel

2
Wenn Fl<u>ie</u>gen hinter Fl<u>ie</u>gen fl<u>ie</u>gen, fl<u>ie</u>gen Fl<u>ie</u>gen Fl<u>ie</u>gen
hinterher.

3
S<u>ie</u>ben St<u>ie</u>re fr<u>ie</u>ren n<u>ie</u>.
Viele Fl<u>ie</u>gen sp<u>ie</u>len Kr<u>ie</u>gen.
V<u>ie</u>r R<u>ie</u>sen g<u>ie</u>ßen d<u>ie</u> W<u>ie</u>sen.
S<u>ie</u>bzehn D<u>ie</u>be sch<u>ie</u>ßen v<u>ie</u>l.

SEITE 54

4 b)
frieren, siegen, schieben, ziehen, riechen

4 c) *So könnten deine Sätze lauten:*
Mein Bruder spielt viel zu oft am Computer.
Die frisch gebackene Pizza riecht köstlich.
Unsere Mannschaft hat gesiegt.
Wer sein Fahrrad liebt, der schiebt!
Wenn die Schublade klemmt, musst du kräftig
daran ziehen.
Im Winter friert man ohne Jacke.

5 a)
telefonieren, verlieren, trainieren, probieren, gratulieren,
(sich) rasieren

5 b) *Diese Verben könntest du aufgeschrieben haben:*
organisieren, sich interessieren, diskutieren, fotografieren,
regieren, sich blamieren

SEITE 55

1 a) *Diese Wörter mit einem Dehnungs-h stehen im Text:*
lahme (Überschrift), sehr (Z. 1), Fahrrad (Z. 1), ihn (Z. 3), mehr
(Z. 3), Wohnung (Z. 3), ohne (Z. 4), nahm (Z. 4), Rahmen (Z. 5),
kühl (Z. 7), fühlte (Z. 7), Strahlen (Z. 8), ihm (Z. 8), Ohren (Z. 8),
Gefühl (Z. 9), Fahrt (Z. 9), Bahn (Z. 9)

1 c)

Wörter mit hl	Wörter mit hm	Wörter mit hn	Wörter mit hr
kühl	lahm	ihn	sehr
fühlte	nahm	Wohnung	Fahrrad
Strahlen	Rahmen	ohne	mehr
Gefühl	ihm	Bahn	Ohren

2
der Fahrer – **fahren**
die Zahl – **zahlen**
der Bohrer – **bohren**
der Fehler – **fehlen**
die Erzählung – **erzählen**
die Wahl – **wählen**

3 *Mögliche Lösungen:*
– der Bahnsteig, die Straßenbahn, das Bahngleis, sich anbahnen
– die Wohnung, wohnen, das Wohnzimmer, wohnlich, der Wohnungsschlüssel
– das Gefühl, fühlen, sich anfühlen, der Fühler

SEITE 56

1 a)
er trifft, wir treffen
du rennst, wir rennen

1 b) *Diese verwandten Wörter hättest du nennen können:*
– auffallen, der Unfall
– der Treffpunkt, das Treffen, treffsicher
– das Wettrennen, die Rennbahn, der Rennwagen

2 a)
Wasser, Tasse, Klasse, lassen, nass

2 b) *So könnten deine Sätze lauten:*
Im Sommer sollte man viel Wasser trinken.
Morgens trinkt Lena immer eine Tasse Pfefferminztee.
Gestern musste Erhan vor der Klasse ein Gedicht aufsagen.
Kaya kann es nicht lassen, ihre kleineren Geschwister zu ärgern.
Nach dem Regen war die Straße ganz nass.

3 a)
der Schwamm, der Stamm, der Kamm, das Lamm
der Knall, der Ball, der Unfall, der Stall
nennen, kennen, rennen, brennen

3 b) *So könnte ein Gedicht aus den Reimwörtern lauten:*

Der Unfall
Einmal verursachte ein Ball
einen Unfall
im Stall.
Das gab einen Knall!

SEITE 57

1
Katzen sind sehr saubere Tiere und mögen keinen **Dreck**. Sie putzen sich jeden Tag von der **Tatze** bis zur **Schwanzspitze**. Dabei **lecken** sie mit ihrer rauen Zunge über das Fell. Die Stubentiger sind aber auch sehr eigensinnige Tiere.

Manchmal **sitzen** sie stundenlang an einem **Fleck**. Dann wieder **zerkratzen** sie den Sessel. Du kannst sie **locken**, wenn du weißt, was ihnen **schmeckt**. Treffen sie einen Hund, fauchen sie und machen einen **Buckel**.

2 a), b) und **c)**
wickeln – wackeln, das Becken – backen, petzen – putzen, der Schatz – der Schutz, der Deckel – der Dackel, setzen – sitzen, necken – nicken, die Hocke – die Hecke/die Hacke, schwatzen – schwitzen

SEITE 58

1 a) und **b)**
Auf Fleiß reimt sich Geiß
und auf weiß reimt sich heiß.
Auf fließen reimt sich schießen
und auf gießen reimt sich sprießen.
Auf bloß reimt sich Stoß
und ein Kloß, der ist groß.
Auf Fuß reimt sich Gruß.
Und auf Füße? Viele Grüße!

2 b) und **c)**
Wörter mit langem Vokal: er fraß, gefräßig, der Vielfraß, der Fraß
Wörter mit kurzem Vokal: fressen, sie fressen, gefressen, der Fressnapf

Teste dich selbst!
Wörter mit langen und kurzen Vokalen

SEITE 59

1 a)
der Zahn, hohl, der Stuhl, das Jahr, nehmen, der Fehler, sehr

1 b)
Nach langem **a, e, o** und **u** steht oft ein **h**, wenn darauf die Konsonanten **l, m, n** oder **r** folgen.

2 a)
Nach einem betonten kurzen Vokal stehen immer **zwei oder mehr** Konsonanten.
Wenn man nach einem betonten kurzen Vokal nur **einen** Konsonanten hört, wird dieser verdoppelt.

2 b) *Diese Wörter hättest du nennen können:*
Wörter mit **ff**: schaffen, der Affe, die Kartoffel, hoffen
Wörter mit **ll**: bellen, hell, die Rolle, der Ball
Wörter mit **tt**: retten, nett, die Butter, wetten

3
Es war einmal ein Kloß, der war wasserscheu. Er wusste genau, wenn er einmal groß ist, wird man ihn in einen Kessel mit heißem Wasser schmeißen. Also beschloss er, heimlich die Küche zu verlassen. Munter lief er die Landstraße entlang. Doch bald taten ihm die Füße weh. Was sollte er bloß tun? Zwei Tage lang saß er ratlos in einer Gasse. Da kam ein Vogel Strauß des Wegs – und fraß ihn auf!

SEITE 60

1
gesun**d** – **gesünder**
star**k** – ein **starker** Wind
lan**g** – **länger**

2 a)
er kle**b**t – **kleben**
er win**k**t – **winken**
sie sä**g**t – **sägen**
sie to**b**t – **toben**
er schwei**g**t – **schweigen**
sie par**k**t – **parken**
ihr pro**b**t – **proben**

2 b) *So könnten die Sätze lauten:*
Das Segelflugzeug schwebt in der Luft.
Er klebt die Briefmarke auf den Umschlag.
Phillip winkt seiner Oma zum Abschied.
Mit einer Säge sägt man Holz.
Samira tobt, weil sie eine schlechte Zensur bekommt.
Jannis schweigt, als seine Mutter schimpft.
Die Frau mit dem grünen PKW parkt im Halteverbot.
Die Kinder proben ein Theaterstück.

3
die Han**d** – die Hände
der Zwer**g** – die Zwerge
der Schran**k** – die Schranke

SEITE 61

1 *So könnte deine Lösung lauten:*
– schlafen, die Angst, der Hase, der Kamm, die Wand, das Gras
– sauber, der Bau, laufen, rauben, der Raum, der Bauer

2 a) und **b)**
Bäume – der Baum, Mäuse – die Maus, Häuser – das Haus, Fäuste – die Faust, Gläser – das Glas, Räder – das Rad, Hähne – der Hahn, Bärte – der Bart

Teste dich selbst!
Wörter verlängern und den Wortstamm nutzen

SEITE 62

1 a)
der Staub – staubig, genug – genügend, das Geschenk – die Geschenke, das Rad – die Räder, trüb – trüber

1 b) *So könnte deine Lösung lauten:*
klu**g** – **der kluge Rat**
preiswer**t** – **ein preiswertes Angebot**
schlan**k** – **ein schlanker Mann**
star**k** – **ein starker Kaffee**

2 a) und **b)**
~~schedlich~~/schädlich – der Schaden – schädlich
die Bräune/~~die Breune~~ – braun – die Bräune
der Läufer/~~der Leufer~~ – laufen – der Läufer
~~jehrlich~~/jährlich – das Jahr – jährlich

SEITE 63

1 a) und **b)**
die – eine – Sonnenbrille
der – ein – Pullover
das – ein – Fernglas
das – ein – Buch
die – eine – Zahnbürste
der – ein – Reisepass

SEITE 64

2 b)
Der Urlaub ist schön. Leider ist das Wetter nicht so gut. Statt der Sonnenbrille hätte ich lieber einen Regenschirm eingesteckt! Das Zelt ist sehr gemütlich, aber in der Nacht bin ich froh, eine Taschenlampe zu haben! Die Kamera nehmen wir immer mit. Ich muss euch unbedingt die Fotos zeigen!

2 c)

bestimmte Artikel: <u>der</u> Urlaub, <u>das</u> Wetter, statt <u>der</u> Sonnenbrille, <u>das</u> Zelt, in <u>der</u> Nacht, <u>die</u> Kamera, <u>die</u> Fotos
unbestimmte Artikel: <u>einen</u> Regenschirm, <u>eine</u> Taschenlampe

4 a)

<u>Ein</u> Flugzeug hoch <u>am</u> Himmel,
ein <u>Radler</u> auf <u>dem</u> Weg.
<u>Ein</u> Fluss mit grünem Wasser,
ein <u>alter</u> Brückensteg.

Auf <u>einer kleinen</u> Brücke,
da steht <u>ein kleines</u> Kind,
und <u>seine</u> Haare flattern
im frischen Sommerwind.

4 b)

am = an dem (Z. 1), im = in dem (Z. 8)

4 c)

ein Flugzeug, am Himmel, ein Radler, der Weg, ein Fluss, grünes Wasser, ein alter Brückensteg, eine kleine Brücke, ein kleines Kind, seine Haare, im frischen Sommerwind

SEITE 65

5

die Schwimmhalle, **einen** Wettkampf, **lange/kurze** Strecken, **viele/mehrere/ein paar/einige/drei** Medaillen, mit **seinen** Freunden

6 a) und b)

Alles hat <u>ein</u> Ende, nur <u>die</u> Wurst hat zwei.
<u>Der</u> dümmste Bauer erntet <u>die dicksten</u> Kartoffeln.
Zu <u>viele</u> Köche verderben <u>den</u> Brei.
<u>Jeder</u> Topf hat <u>seinen</u> Deckel.

7

<u>Der</u> **Griff** an ihrem Schrank war abgebrochen.
Die Frau **griff** nach ihrer Werkzeugtasche.
Im Korb lagen fünf **junge** Hündchen.
„Sie sind endlich da!", jubelte <u>der</u> **Junge**.
Wir deckten das Gepäck mit <u>großen</u> **Planen** ab.
Den nächsten Urlaub müssen wir besser **planen**!

SEITE 66

1 a) und b)

das Erlebnis, die Erlebnisse
das Geheimnis, die Geheimnisse
die Kenntnis, die Kenntnisse
das Gefängnis, die Gefängnisse

2 a) und b)

-heit: die Dummheit, die Krankheit, die Blindheit, die Sicherheit, die Klugheit
-keit: die Traurigkeit, die Höflichkeit, die Ewigkeit, die Wichtigkeit, die Heiterkeit, die Schwierigkeit

3 *Diese Wörter sind im Text zu ergänzen:*

Wohn**ung**, Irrt**um**, Acht**ung**, Besichtig**ung**, Erlebn**is**, Verwandt**schaft**, Kleid**ung**, Heiz**ung**, Samml**ung**, Nahr**ung**, Unordn**ung**, Leiden**schaft**

SEITE 67

1 b)

-ig: mut**ig**, hungr**ig**, hast**ig**, kräft**ig**, richt**ig**
-lich: schreck**lich**, winter**lich**, ängst**lich**, unheim**lich**, gefähr**lich**, sport**lich**, unmög**lich**, glück**lich**

2 b)

niedl**ich**, häuf**ig**, wicht**ig**, ähn**lich**, langweil**ig**, deut**lich**, bill**ig**, fröh**lich**, pünkt**lich**

2 c) *So könnten deine Sätze lauten:*

Das kleine Mädchen in dem rosa Kleid ist niedlich.
Marvin vergisst seine Hausaufgaben in letzter Zeit häufiger.
Es ist wichtig, dass man auch Obst und Gemüse isst.
Zwillinge sind sich meist sehr ähnlich.
Das lange Warten auf den Bus ist langweilig.
Kannst du bitte etwas deutlicher sprechen?
Die Turnschuhe habe ich sehr billig erworben.
Ann-Kathrin ist fröhlich, weil die Sonne scheint.
Joel ist stolz, weil er immer pünktlich in die Schule kommt.

3 a)

glaubhaft, diebisch, wunderbar, wundersam, wunderlich, arbeitsam, gesetzlich, furchtbar, furchtsam, freundlich, kindisch, kindlich

3 b) *So könnten deine Sätze lauten:*

Die Erklärung von Max klingt nicht sehr glaubhaft.
Elstern sind diebische Tiere.
Der Kuchen von meiner Oma schmeckt einfach wunderbar.
Das Radfahren auf dem Gehweg ist verboten.
Als Nabi gestürzt ist, hat er furchtbar gebrüllt.
Unser Hund ist noch ein Welpe und ziemlich furchtsam.
Der Kellner im Restaurant ist freundlich zu seinen Gästen.
Das Spielen mit Puppen findet Alwina kindisch.
Die junge Frau hat ein sehr kindliches Gesicht.

Teste dich selbst!
Groß- und Kleinschreibung

SEITE 68

1 *Mögliche Lösungen:*

a) -haft, -bar, -sam
b) ekelhaft, sonderbar, bedeutsam
c) -ig: mutig, durstig, kräftig, traurig

2 *Mögliche Lösungen:*

a) -nis, -keit, schaft
b) die Erkenntnis, die Dankbarkeit, die Freundschaft
c) die Finsternis, die Deutlichkeit, die Leistung, die Fremdheit, die Wohnung, die Freiheit, die Flüssigkeit, die Wanderung

3

Der Eisbär ist eines der größten Landraubtiere. Durch das weiße Fell ist er gut an seine Umgebung angepasst. Seine Nahrung besteht aus Robben und kleinen Fischen.

SEITE 69

1 a)
Suche Brieffreund! Meine Hobbys sind **Fußball**, **Musik**, **Kino**.
Verkaufe Kinderkleidung: **Hosen**, **Jacken**, **Röcke**.
Hilfe beim Umzug gesucht? Wir transportieren **Klaviere**, **Schränke**, **Waschmaschinen in allen Größen**!

1 b) *So könnte deine Kleinanzeige lauten:*
Spielkamerad gesucht! Meine Lieblingsspielsachen sind Modell-Flugzeuge, Modell-Eisenbahnen und ferngesteuerte Autos.

2

Am Meer
In den Ferien war ich mit meinen Eltern, meiner Oma, meiner Schwester und ihrem Freund am Meer. Ich hatte mich so auf Sonne, Strand und Wellen gefreut. Doch es herrschte kaltes, nasses, ungemütliches Regenwetter. Am Tage konnten wir nur mit Schirm, Regenjacke und Gummistiefeln hinaus. In der Nacht brauste, heulte und pfiff der Wind um das Haus.

3 *So können deine Sätze lauten:*
Ich esse am liebsten **Kirschen, Äpfel und Bananen**.
Meine Lieblingsfarben sind **Blau, Gelb und Lila**.
In meinem Zimmer stehen **ein Bett, ein Schrank und ein Tisch**.

SEITE 70

1
Lisa fragt ihre Freundin Marie: „Wie schreibt man Mausefalle mit fünf Buchstaben?"
Marie überlegt und sagt: „Keine Ahnung. Wie soll das gehen?"
„Einfach Katze", sagt Lisa und lacht.

2 a) und b)
Die Mutter sagt: „Heute gibt es Spaghetti mit Tomatensoße."
Der Lehrer schimpft: „Du hast schon wieder keine Hausaufgaben gemacht!"
Die Kinder singen: „Happy birthday to you!"
Der Kellner fragt: „Hat es Ihnen geschmeckt?"
Der Polizist ruft: „Halt, stehen bleiben!"

2 c)
„Heute gibt es Spaghetti mit Tomatensoße", sagt die Mutter.
„Du hast schon wieder keine Hausaufgaben gemacht!", schimpft der Lehrer.
„Happy birthday to you!", singen die Kinder.
„Hat es Ihnen geschmeckt?", fragt der Kellner.
„Halt, stehen bleiben!", ruft der Polizist.

2 d)
„Halt", ruft der Polizist, „stehen bleiben!"

3 a)
Er sagte: „Wenn ich groß bin, werde ich UFO-Pilot."

3 b)
„Wenn ich groß bin", sagte er, „werde ich UFO-Pilot."
„Wenn ich groß bin, werde ich UFO-Pilot", sagte er.

SEITE 71

1 a) und b)
Aachen, Berlin, Cottbus, Dortmund, Erfurt, Frankfurt, Greifswald, Hamburg, Ingolstadt, Jena, Köln, Lübeck, München, Nürnberg, Osnabrück, Potsdam, Quedlinburg, Rostock, Stuttgart, Trier, Ulm, Vechta, Würzburg, Xanten, Yach, Zwickau

2
kaufen, kegeln, kleckern, klettern, klingeln, kochen, krabbeln, kurbeln

3 a) und c)
Kürbis, Zucchini, Aprikose, Aubergine, Ananas, Grapefruit

SEITE 72

4 a)
brennen, denken, singen, fahren, nehmen

4 b)
brennen, denken, fahren, fallen, nehmen, singen

5 a) und b)

Plural	Singularform	verwandtes Wort
die Hühner	**das Huhn**	**der Hühnerstall**
die Mäntel	**der Mantel**	**die Manteltasche**
die Klöße	**der Kloß**	**die Semmelklöße**
die Röcke	**der Rock**	**die Rocklänge**

6 b)
lebten → **leben**, Wölfe → **Wolf**, Angst, Ziegen → **Ziege**, klopfte → **klopfen**, Schlosses → **Schloss**, Äpfel → **Apfel**, knabberte → **knabbern**, Häuschen → **Haus**, verwandelt → **verwandeln**

6 c)
Angst, Apfel, Haus, klopfen, knabbern, leben, Schloss, verwandeln, Wolf, Ziege

Teste dein Wissen!
Lernstandstest

SEITE 74

1

das Stahlseil = der Stahl + das Seil = ein Seil aus Stahl
der Probewurf = die Probe + der Wurf = ein Wurf zur Probe
der Scheinkampf = der Schein + der Kampf = ein Kampf, der nur zum Schein stattfindet
der Fenstersturz = das Fenster + der Sturz = ein Sturz aus dem Fenster

2

1. Abschnitt: B
2. Abschnitt: C
3. Abschnitt: A
4. Abschnitt: A
5. Abschnitt: C

SEITE 75

3

A: richtig   B: falsch   C: richtig   D: richtig
E: richtig   F: richtig   G: falsch

4

a) auf Lager haben: C
b) lebensmüde sein: A
c) eine ganze Portion: B
d) es schadet auch nicht: A
e) nebenher: C

SEITE 76

5

a) sehr empfindlich sein
b) sehr wichtig sein
c) sehr gut beherrschen

6 *Diese Tätigkeiten werden im Text genannt:*
a) springen, fallen, stürzen, klettern, mit Autos/Motorrädern/Rennbooten fahren, Schlägereien durchführen
b) Sie benutzen Sauerstoffflaschen oder Luftkissen und tragen gepolsterte Kleidung.
c) Frauenkleidung, z.B. ein enges Minikleid, lässt sich schlechter auspolstern.
d) Wichtige Voraussetzungen für den Beruf sind perfekte Vorbereitung und gute Körperbeherrschung.

7

Unter einem <u>engen</u> (Minikleid) ist kein Platz für

<u>dickes</u> (Schaumgummi).

Für <u>diese</u> (Glücklichen) beginnt dann <u>eine</u> <u>mehrjährige</u>

(Ausbildung).

SEITE 77

8 *Folgende Begründungen hättest du nennen können:*
– mu<u>ss</u> → kommt von *müssen*; kurzer betonter Vokal, daher **ss**
– ank**ä**mpfen → kommt von *der Kampf*, daher Schreibung mit **ä** (Ableitungsprobe)
– der Ber**g** → Plural: *die Berge*, daher Schreibung mit **g** (Verlängerungsprobe)
– die **Ü**berwindung → Die Endung *-ung* ist ein Nomensignal, daher Großschreibung.
– richti**g** → *die richtige Technik*, daher Schreibung mit **g** (Verlängerungsprobe)
– **F**elsen → *einen* Felsen: Vor dem Wort steht der Artikel „*einen*", daher ist es ein Nomen und muss großgeschrieben werden.

9 a) und b)
Wer? zwei Mädchen auf Inline-Skates, eine ältere Dame
Wo? Fußgängerzone, auf Höhe der Bäckerei
Wann? 14.50 Uhr
Was ist passiert? Zusammenprall, Sturz der Dame
Welche Folgen? leichte Verletzungen

9 c) *So könnte dein Bericht lauten:*
Gestern gegen 14.50 Uhr kam es zu einem kleinen Unfall in der Fußgängerzone. Zwei Mädchen fuhren die Bahnhofstraße auf Inline-Skates hinunter. Da sie in ihre Unterhaltung vertieft waren, prallte eine von ihnen auf Höhe der Bäckerei mit einer älteren Dame zusammen. Die ältere Dame stürzte und erlitt dabei leichte Verletzungen, die Mädchen kamen mit dem Schrecken davon.

Auswertung der Testergebnisse
64–58 Punkte
Klasse, weiter so! Du bist in allen Lernbereichen fit!
57–35 Punkte
Das war schon ganz gut. An welchen Stellen hattest du noch Schwierigkeiten? Wiederhole diese Bereiche noch einmal. Übung macht den Meister!
34–0 Punkte
Das war noch nicht so gut. Kläre, was du noch nicht genau verstanden hast, mit einer Lernpartnerin oder einem Lernpartner. Überlegt gemeinsam, wie du an deinen Fehlerschwerpunkten arbeiten kannst.

6 Nachdem du dich für eine Schreibidee entschieden hast, kannst du jetzt weitere Ideen für den Hauptteil deiner Erzählung sammeln. Notiere wichtige Erzählschritte in Stichwörtern.

_____

_____

_____

7 Im folgenden Text wird die Geschichte aus Leons Sicht weitererzählt.

a) Welche der Schreibideen von Aufgabe 5 auf Seite 6 wurde genutzt? _____

b) Setze in die Lücken passende Wörter und Wendungen aus dem Kasten ein, um die Erzählung noch spannender zu gestalten.

_____ sah ich einen

Mann auf die Straße treten. Ich konnte _____

_____ : Auf der Schulter trug er einen

großen Plastiksack. Er blickte sich _____

um, dann ging er _____ zu seinem

Wagen. _____ hatte er den Sack im

Kofferraum des Autos verstaut. _____

_____ ! Ich war noch mitten in meinen

Gedanken, da blickte der Unbekannte _____

nach oben, genau zu den Fenstern unserer Wohnung.

Ich war wie _____.

Ob er mich gesehen hatte?

> in diesem Moment
>
> Sekunden später
>
> nervös
>
> plötzlich
>
> blitzschnell
>
> meinen Augen kaum trauen
>
> gelähmt vor Angst
>
> Irgendetwas stimmte hier nicht

8 Abwechslungsreiche Verben machen deine Erzählung interessanter. In den folgenden Kästen haben immer zwei Wörter eine ähnliche Bedeutung. Streiche das Verb, das nicht zu den anderen passt, durch.

brüllen	flüstern	fragen	stammeln
rufen	schreien	antworten	kreischen
schluchzen	wispern	erwidern	stottern

9 Wie könnte der Höhepunkt deiner Erzählung aussehen?

a) Notiere deine Stichwörter. _____

_____

_____

TIPP

Nutze deine Ergebnisse aus den Aufgaben 8 und 9 a) auf Seite 7–8.

b) Formuliere den Höhepunkt deiner Erzählung aus Leons Sicht (Ich-Erzählform). Achte dabei auf die Verwendung wirkungsvoller Sprache. Schreibe in dein Heft.

> **! Eine Erzählung überarbeiten**
>
> Nach dem Schreiben solltest du deine Erzählung noch einmal durchlesen und überarbeiten. Achte vor allem auf die folgenden Punkte:
> - Ist der Text gut aufgebaut (roter Faden)?
> - Wurde die Zeitform Präteritum eingehalten?
> - Wird wirkungsvoll und spannend erzählt?
> - Sind die Satzanfänge abwechslungsreich?
> - Wurden Wiederholungen vermieden?

10 Überarbeite den folgenden Anfang einer Erzählung.

a) Streiche im Text alle Fehler zur Erzählform und Zeitform an und korrigiere sie auf den Schreibzeilen neben den Sätzen.

b) Markiere alle anderen Textstellen, die überarbeitet werden sollten, und notiere Verbesserungsvorschläge.

Als ich heimkam, sind meine Eltern noch bei der	waren _____
Arbeit. Ich machte mir eine Suppe und machte	_____
den Fernseher an. Dann hörte er von draußen	_____
Geräusche. Ich drehte den Ton des Fernsehers leise	_____
und lausche. Dann gibt es plötzlich einen gewaltigen	_____
Knall. Dann ist es ruhig. Er wagt kaum zu atmen.	_____
Was war das?	_____

c) Schreibe eine Überarbeitung des Textausschnitts in dein Heft.

TIPP

Die Überschrift sollte zum Inhalt der Erzählung passen und den Leser neugierig machen, aber nicht zu viel verraten.

11 Jetzt hast du schon so viele Ideen zu Leons Erlebnis zusammengetragen, dass du eine komplette Erzählung schreiben kannst.

a) Schreibe die Erzählung mit Einleitung, Hauptteil und Schluss in der Ich-Erzählform in dein Heft.

b) Formuliere abschließend eine spannende Überschrift für die Erzählung.

Zu einer Bildergeschichte erzählen

1 **a)** Sieh dir die folgenden Bilder genau an.

   b) Schreibe neben jedes Bild in Stichwörtern, was darauf zu sehen ist.

Ganz schön mutig!

_____

_____

_____

_____

_____

_____

_____

_____

_____

_____

_____

_____

_____

_____

_____

_____

_____

_____

_____

_____

2 Was ist mit der Überschrift gemeint? Notiere deine Gedanken.

_____

_____

_____

3 Wie könnte die Geschichte ausgehen? Notiere Ideen in Stichwörtern.

_____

_____

4 Ein Text wird lebendiger und spannender, wenn er wörtliche Rede enthält.

a) Lies dir die folgenden Sätze zur Bildergeschichte genau durch.

b) Von wem könnten die Aussagen oder Gedanken stammen?
Notiere in den Kästchen ein *J* für den Jungen auf dem Sprungbrett,
ein *Z* für seine Zuschauer.

„Der traut sich was!"

„Wie ich mich wohl entschieden hätte?"

„Das schaffe ich mit links."

„O je, mir wird ganz mulmig ..."

„Was ist denn nun los?"

5 a) Lies dir die folgende Einleitung zu der Bildergeschichte durch.

> Es war einer der heißesten Tage in den Sommerferien. Lukas verbrachte den Nachmittag wieder einmal zusammen mit seinen Freunden im Freibad. Sie dösten in der Sonne und beobachteten die älteren Jungen, die vom 10-Meter-Brett sprangen …

b) Welche W-Fragen werden in der Einleitung beantwortet?
Schreibe sie auf.

W _____

W _____

W _____

c) Ergänze hinter jeder W-Frage die passende Information aus der Einleitung.

d) In welcher Erzählform wird hier erzählt? Kreuze die richtige Antwort an:

☐ Er-Erzählform ☐ Ich-Erzählform

6 Schreibe mit Hilfe deiner Lösungen der Aufgaben 1 bis 4 eine vollständige Erzählung mit Hauptteil und Schluss in dein Heft.

7 Lies deine Erzählung noch einmal gründlich durch und überarbeite sie mit Hilfe der folgenden Checkliste.

☐ Ist der Text gut aufgebaut (roter Faden)?

☐ Habe ich die Erzählform eingehalten?

☐ Habe ich die Zeitform Präteritum eingehalten?

☐ Habe ich wörtliche Rede verwendet und abwechslungsreich eingeleitet?

TIPP
Lies noch einmal den Merkkasten auf Seite 8.

10

Teste dich selbst!

Eine Erzählung schreiben

1 Welche W-Fragen werden normalerweise in der Einleitung einer Erzählung beantwortet? Schreibe sie auf.

/ 3

_____

2 Welche Antwort ist richtig? Kreuze an.

/ 1

Den Höhepunkt einer Erzählung findet man

☐ in der Einleitung.   ☐ im Hauptteil.   ☐ im Schlussteil.

3 Berichtige den folgenden Satz so, dass die Zeitform für eine Erzählung stimmt.

/ 1

Ich schaue mich kurz um, dann zog ich siegessicher die Karten aus der Tasche.

_____

4 Forme den folgenden Satz in die Ich-Erzählform um.

/ 2

Er konnte seinen Eltern nicht in die Augen sehen.

_____

5 Nachfolgend stehen sich immer zwei Aussagen gegenüber. Streiche jeweils die falsche Aussage durch.

/ 4

Eine Erzählung muss sachlich und genau geschrieben sein.	In einer Erzählung sind auch die Gefühle und Gedanken der Personen wichtig.
Eine Erzählung sollte wörtliche Rede enthalten.	Eine Erzählung sollte keine wörtliche Rede enthalten.
In einer Erzählung sollte man viele Wiederholungen einbauen.	Beim Schreiben einer Erzählung ist es wichtig, abwechslungsreich und spannend zu formulieren.
Die Überschrift einer Erzählung soll alle wichtigen Informationen enthalten.	Die Überschrift einer Erzählung soll neugierig machen, aber noch nicht zu viel verraten.

Gesamt:

/ 11

Ein Tier beschreiben

> **! Eine Beschreibung anfertigen**
>
> Eine Beschreibung muss sachlich und genau sein.
> Wenn du ein Tier beschreiben möchtest, solltest du auf folgende Merkmale eingehen:
>
> - Tierart
> - Lebensraum
> - Aussehen (Größe, Farben)
> - Nahrung
>
> *Manchmal auch:*
> - Verhalten
> - besondere Kennzeichen
>
> Die Beschreibung der Merkmale muss in einer sinnvollen Reihenfolge erfolgen:
> - vom Ganzen zu den Einzelheiten
> - von wichtigen Merkmalen zu weniger wichtigen

die Rocky Mountains: ein felsiges Gebirge im Westen der USA

1 Im Herbst soll ein neuer Film in die Kinos kommen, der in den Rocky Mountains* spielt. Dafür sucht das Produktionsteam noch einen tierischen Hauptdarsteller.

a) Sieh dir die beiden folgenden Bilder genau an.

Tier 1

Tier 2

b) Lies dir nun die folgenden Angaben im Kasten durch und unterstreiche alle Merkmale, die zu **Tier 1** passen.

die Flügelspannweite: der Abstand von einem Flügel zum anderen, wenn sie ausgebreitet sind

hellgelber Schnabel	*helles, schwarzes oder graues Fell*	*Wolf*
Weißkopfseeadler	*Schulterhöhe 70 – 90 cm*	
weißer Kopf	*Flügelspannweite* 1,80 – 2,30 m*	
dunkelbraune Flügel	*jagt mittelgroße bis große Säugetiere*	
buschiger Schwanz	*ernährt sich von Fischen und Wasservögeln*	

c) Erstelle einen Steckbrief für Tier 1. Trage dazu die unterstrichenen Angaben aus Aufgabe 1 b) neben die passenden Oberbegriffe ein.

Tierart: _____ Größe: _____

_____ _____

Aussehen:_____ Nahrung:_____

_____ _____

_____ _____

2 Die folgende Beschreibung von Tier 1 ist nicht gelungen.
Überarbeite sie mit Hilfe der Informationen aus Aufgabe 1b).

> Das Tier mit dem komischen Namen ist in den Rocky Mountains beheimatet. Es ist weiß, hellgelb und dunkelbraun. Seine Flügelspannweite beträgt auch nicht gerade wenig. Das Tier ernährt sich hauptsächlich von anderen Tieren.

_____

_____

_____

_____

_____

3 Erstelle nun selbst eine Beschreibung von **Tier 2**.

a) Erstelle mit den Merkmalen aus dem Kasten in Aufgabe 1b) einen Steckbrief wie in Aufgabe 1c).

_____ _____

_____ _____

_____ _____

_____ _____

b) Schreibe nun eine vollständige Beschreibung in dein Heft.

TIPP
Achte auf
eine **sinnvolle
Reihenfolge**
und schreibe
sachlich und **genau!**

Einen Weg beschreiben

 Eine Wegbeschreibung geben

- Nenne zuerst den Ausgangspunkt des Weges.
- Beschreibe den Weg in Teilstücken.
- Mache genaue Angaben zu Richtungen und Erkennungspunkten.
- Halte bei deiner Beschreibung die richtige Reihenfolge ein.

1 Yannik ist mit seinen Eltern in eine andere Stadt gezogen. Deswegen freut es ihn umso mehr, dass ihn sein Cousin David übers Wochenende besuchen kommt. Per E-Mail hat er David gleich einen Stadtplan seines neuen Wohnortes geschickt.

a) Sieh dir den Stadtplan genau an.

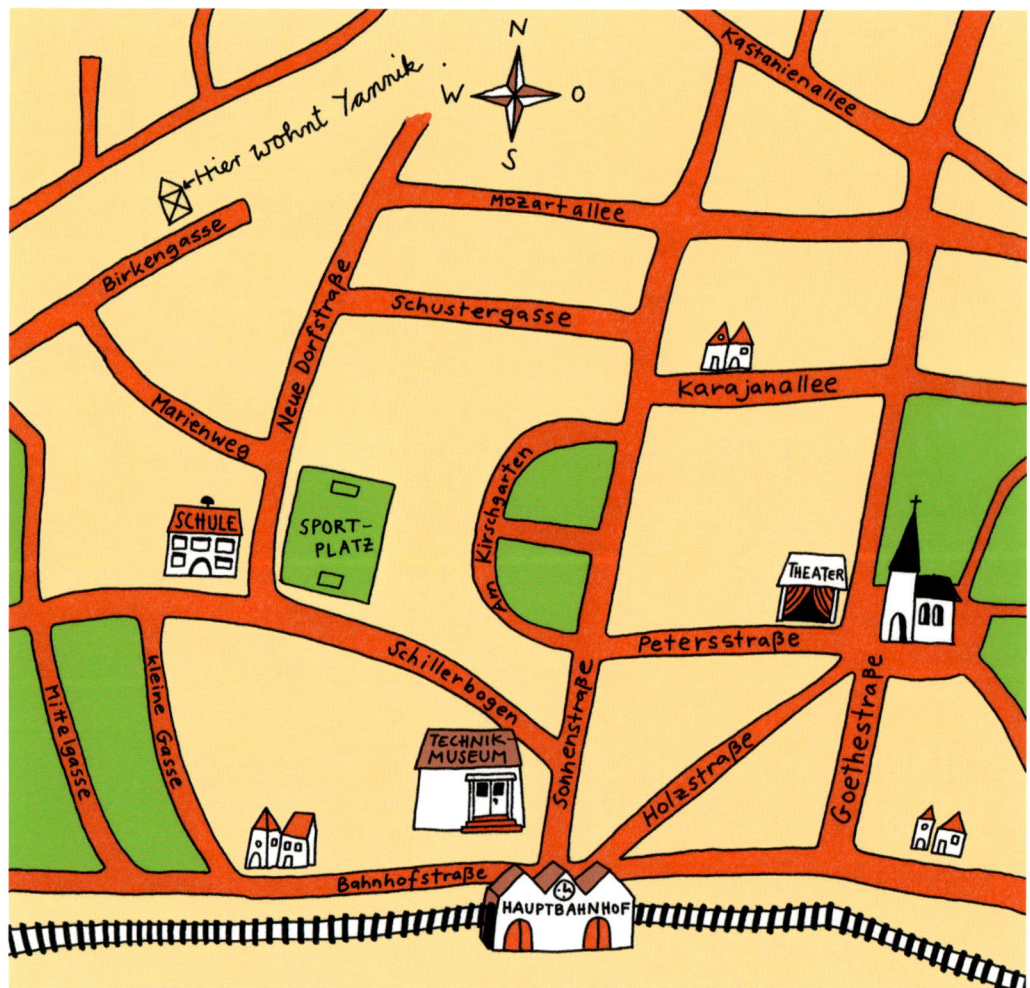

b) Wo befindet sich David nach seiner Ankunft mit dem Zug? Markiere diesen Ausgangspunkt im Stadtplan.

c) Wie heißt die Straße, in der Yannik wohnt? Markiere sein Haus.

d) Zeichne den Weg von Davids Ausgangspunkt bis zu Yanniks Haus ein.

2 Mit Hilfe von Präpositionen kannst du Orte genau angeben.
Sieh dir die folgenden Bilder an und umkreise das Wort, das am besten passt.

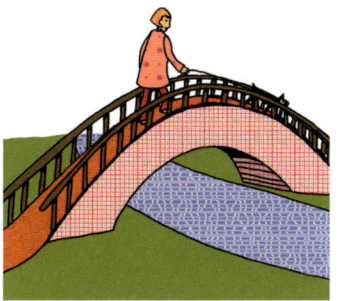  

Die Frau geht

über
hinter   die Brücke.
neben

Der Junge steht

vor
bei   dem Bahnhof.
an

Das Kino liegt

bei
neben   der Post.
vor

3 David ärgert sich furchtbar. Er hat den Stadtplan im Zug liegen gelassen!
Aber es ist alles halb so schlimm: Yannik erklärt ihm den Weg einfach am Handy.

a) Sieh dir den Stadtplan auf Seite 14 noch einmal genau an.

b) Setze passende Wörter aus dem Kasten in die Lücken ein.

Yannik: „Hi David, was gibt's?"

David: „Du, ich hab dummerweise den Stadtplan im Zug liegen gelassen.
Kannst du mir kurz den Weg zu deinem Haus erklären?"

Yannik: „Klar, kein Problem. Wo bist du denn gerade?"

David: „Ich stehe gerade noch _____ dem _____."

Yannik: „Gut, dann gehst du jetzt zuerst über die _____

und dann _____ in die _____ .

Nach etwa 20 Metern biegst du hinter dem _____

links in den _____ ein. Nach etwa 100 Metern siehst du

dann auf der _____ Seite den _____ …

Sportplatz
vor
Technik-museum
Sonnenstraße
Bahnhof
Schillerbogen
geradeaus
Bahnhofstraße
rechten

c) Jetzt ist es nicht mehr weit bis zu Yanniks Haus.
Schreibe den Rest der Wegbeschreibung auf.

_____

_____

_____

_____

Teste dich selbst!

Beschreiben

/ 3

1 a) Ordne den folgenden Angaben passende Oberbegriffe zu:

	Körperlänge 35 cm
	dunkelbraunes bis schwarzes Fell
	Bisamratte
	kann Ohren wasserdicht verschließen

/ 2

b) Welche Oberbegriffe könnten noch ergänzt werden? Nenne zwei.

---

2 Lenas Katze ist entlaufen. Sie möchte eine Suchanzeige in der Zeitung aufgeben. Dazu hat sie eine Beschreibung verfasst.

a) Lies dir den folgenden Textentwurf genau durch.

/ 4

b) Streiche alle Sätze durch, die nicht in eine Beschreibung gehören.

Mein Vater hat mir Pica zum 10. Geburtstag geschenkt. Pica ist eine europäische Kurzhaarkatze. Ihren Namen konnte ich mir erst gar nicht merken. Pica ist mittelgroß, also von Kopf bis Fuß etwa 40 cm hoch. Picas Gewicht liegt ungefähr bei 6 Kilogramm. Das ist gar nicht mal so schwer. Ihr Fell ist grau getigert und ziemlich kurz. Sie ist die süßeste Katze der Welt!

/ 1

c) Aus welchem Grund passen die durchgestrichenen Sätze nicht in eine Beschreibung? Kreuze die richtige Antwort an.

Die Sätze sind

☐ zu lang.

☐ in der falschen Zeitform geschrieben.

☐ nicht sachlich.

/ 1

3 Kreuze die richtige Antwort an.

Am Anfang einer Wegbeschreibung nennst du

☐ den Endpunkt/Zielort.

☐ eine Richtungsangabe.

☐ den Ausgangspunkt.

Gesamt:

/ 11

16

Einen Sachtext lesen

1 Lies die Überschrift des folgenden Textes, betrachte die Bilder und überfliege den Text. Worum geht es im Text? Schreibe eine Antwort in einem Satz.

Der Siebenschläfer

Die mausähnlichen Siebenschläfer haben einen spitzen Kopf und einen buschigen Schwanz. Besonders auffallend sind die schwarzen Augen, die großen Ohren und die 6 cm langen Tasthaare. Damit
5 können sich die nachtaktiven Tiere gut in der Dunkelheit zurechtfinden. Ihr dichtes Fell ist auf dem Rücken grau und am Bauch etwas heller. Sie wiegen 80 bis 120 g.

Die guten Kletterer haben lange, gelenkige Kletterzehen und ein klebriges Sekret unten an den Füßen, damit sie
10 beim Klettern nicht herunterfallen.
Sie können sogar meterweit springen, um auf weit entfernte Äste zu kommen.

Siebenschläfer leben nicht nur in Laubwäldern, sondern auch in Scheunen und auf dem Dachboden.

15 Sie ernähren sich von Samen, Früchten, Schnecken, Insekten, Vogeleiern, Bucheckern, Eicheln, Nüssen und Kastanien.

Nachdem sie sich im Herbst ein großes Fettpolster angefressen haben, liegen sie sieben Monate zusammen-
20 gerollt auf dem Rücken, ihren Schwanz über Bauch und Kopf gelegt. Während des Winterschlafs verlieren sie die Hälfte ihres Gewichts.

Ihre bevorzugten Schlafplätze sind Erd- und Specht-höhlen, große Astlöcher, Jagdhütten oder Scheunen.

TIPP

Kläre unbekannte
Wörter durch
> **Nachdenken,**
> **Nachfragen,**
> **Nachschlagen.**

2 Sachtexte enthalten häufig Fachbegriffe.
Um den Text gut zu verstehen, solltest du zuerst unbekannte Wörter klären.

a) Was bedeuten die folgenden zusammengesetzten Wörter im Text?
Erkläre ihre Bedeutung. Lies dazu noch einmal genau im Text nach und
erschließe die Bedeutung aus dem Zusammenhang.

die Tasthaare (Z. 4)	*lange Haare, mit denen das Tier tasten, also seine Umgebung wahrnehmen/fühlen kann*
nachtaktiv (Z. 5)	
der Kletterzeh (Z. 8)	
der Laubwald (Z. 13)	
das Fettpolster (Z. 18)	

b) Was bedeutet das Wort „Sekret" (Z. 9) im Text?
Erschließe die Bedeutung des Fremdwortes aus dem Wörterbucheintrag.

> **seit/wärts**, *Adv.,* **1.** in die Richtung zu e-er Seite hin: *sich s. drehen*
> **2.** *auf der rechten od. linken Seite: S. sehen Sie das Schloss.*
> **Sek/ret oder Se/kret**, das; -s; -e; *lat.* eine Flüssigkeit, die
> besonders in Drüsen u. in Wunden entsteht
> **Sek/re/ta/ri/at**, das; -s; -e; der Raum, in dem e-e Sekretärin
> arbeitet: *die Briefe zum Tippen ins S. bringen*

Ein „Sekret" (Z. 9) ist _____

_____

3 Lies den Text noch einmal genau.

a) Markiere im Text Schlüsselwörter in den Abschnitten.

b) Suche für jeden Textabschnitt
eine passende Überschrift.
Schreibe sie auf die Schreibzeilen
neben den Abschnitt.

4 Wie kommen die Siebenschläfer
zu ihrem Namen?
Markiere die Stelle im Text,
in der die Antwort steht.

5 Auch der folgende Sachtext informiert über den Siebenschläfer.

a) Lies den Text gründlich und kläre unbekannte Wörter aus dem Zusammenhang oder mit Hilfe eines Wörterbuchs.

Siebenschläfer halten von Ende September bis Anfang Mai einen Winterschlaf. Sie sind nachtaktiv und ernähren sich vor allem von pflanzlicher Nahrung wie Obst, Samen, Blätter- und Blütenknospen und Pilzen. Dies ergänzen sie
5 durch Insekten, Schnecken, Eier und Jungvögel.
Die Weibchen gebären einmal im Jahr nach etwa einem Monat Tragzeit einen Wurf mit fünf bis sieben Jungen. Diese sind erst nach sechs bis sieben Wochen selbstständig. Dann kann es vermehrt zu Störungen durch
10 Siebenschläfer in Gebäuden kommen. Sie rennen nach dem nächtlichen Ausflug zur Futtersuche herum, sie klettern und balgen sich unter lautem Quieken, Pfeifen und Murmeln.

b) Markiere Schlüsselwörter im Text und notiere alle Informationen in Stichwörtern auf dem Notizblatt.

– Winterschlaf: Ende Sept. bis ...

– Gewohnheit:

– Ernährung:

– Fortpflanzung:

c) Vergleiche die Angaben mit den Informationen aus dem Text auf Seite 17. Markiere doppelte Informationen mit einem ✓.

d) Welche Informationen aus dem Text findest du besonders interessant oder erstaunlich?

_____

_____

6 Ist der Siebenschläfer ein „Faultier"? Begründe deine Meinung.

_____

_____

TIPP

Unterschiedliche Texte zu einem Thema enthalten oft auch unterschiedliche Informationen.

Tabellen lesen

Tabellen untersuchen

In Tabellen werden Informationen, meist Zahlen oder Daten, in **Spalten** und **Zeilen** geordnet dargestellt.
So gehst du beim Lesen vor:
1. Lies die Überschrift und benenne das Thema.
2. Verschaffe dir einen Überblick, welche Angaben gemacht werden.
3. Vergleiche die einzelnen Angaben miteinander.

Zoos im Vergleich – Zahlen und Fakten

Viele große Städte haben einen Zoo.

1 **a)** Betrachte die drei Tabellen von Zoos in Stuttgart, Münster und Berlin.

 b) Für die Zahlen des Berliner Zoos lautet die Überschrift „Tierstatistik 2007".
 Schreibe die Überschriften der beiden anderen Tabellen auf.

_____

_____

Sich und andere informieren

**das Individuum
(Pl. die Individuen:**
(_hier_) Zahl der
einzelnen Tiere

**das Reptil
(Pl. die Reptilien)/
das Kriechtier:**
z.B. Schlange, Echse,
Krokodil

**die Amphibie
(Pl. die Amphibien)/
der Lurch:** Tier, das
im Wasser und
an Land leben kann,
z.B. Frosch

Wirbellose (Pl.):
Tiere ohne
Wirbelsäule, z.B.
Schnecken,
Insekten, Würmer

die Statistik:
Tabelle mit Zahlen,
die zeigen, wie
häufig bestimmt
Dinge vorkommen

Wilhelma Stuttgart
Tierbestand (Stand: 2007)

Der Zoologisch-Botanische Garten Stuttgart

	Arten	Individuen*
Säugetiere:	115	871
Vögel:	209	840
Reptilien*:	81	400
Amphibien*:	37	250
Fische:	450	4500
Wirbellose*:	204	2000
Gesamt	**1096**	**8861**

ZOO BERLIN
DER HAUPTSTADT ZOO

Tierstatistik* 2007

Am 31. Dezember 2007 lebten im **Zoo Berlin**

1.149 Säugetiere	in 188 Formen
2.680 Vögel	in 408 Formen
434 Kriechtiere	in 77 Formen
422 Lurche	in 45 Formen
3.747 Fische	in 392 Formen
5.290 Wirbellose	in 278 Formen
insgesamt:	
13.722 Tiere	**in 1.388 Formen**

Allwetterzoo Münster

Allwetterzoo Münster
Anzahl der Tiere per 31. 12. 2007

526 Wirbellose	in 51 Arten
1.185 Fische	in 96 Arten
59 Amphibien	in 8 Arten
144 Reptilien	in 32 Arten
645 Vögel	in 85 Arten
607 Säugetiere	in 62 Arten
3.166 Tiere	**in 334 Arten**

2 Untersuche den Aufbau der Tabellen und ergänze die folgenden Sätze.

In den _____ wird angegeben, welche Tiergruppen es gibt.

In den _____ wird angegeben, wie viele Tierarten und
wie viele einzelne Tiere (Individuen) es von jeder Art gibt.

INFO
Eine **Spalte** verläuft von oben nach unten, eine **Zeile** von links nach rechts.

	Spalte ↓
Zeile →	

3 Untersuche die Tabellen genauer und vergleiche sie. Kreuze an, auf welche Tabellen die Aussagen jeweils zutreffen.

	Wilhelma Stuttgart	Allwetterzoo Münster	Zoo Berlin
Die Tabelle bezieht sich auf das Jahr 2007.	☐	☐	☐
Die Tabelle führt sechs Tiergruppen auf.	☐	☐	☐
In den Zeilen werden zuerst die Säugetiere genannt, zuletzt die Wirbellosen.	☐	☐	☐
In den Spalten wird zuerst die Anzahl der Arten (Formen) genannt, dann die Zahl der einzelnen Tiere (Individuen).	☐	☐	☐
In der letzten Zeile wird die Gesamtzahl der Tiere genannt.	☐	☐	☐

4 a) Überprüfe folgende Aussagen über die drei Zoos mit Hilfe der Tabellen. Notiere in den Kästchen jeweils **r** für richtig oder **f** für falsch.

b) Berichtige die falschen Aussagen auf der Schreibzeile darunter.

☐ Die Wilhelma hat mehr als doppelt so viele Tiere wie der Allwetterzoo.

_____

☐ Der Zoo mit den meisten Tieren ist in Berlin.

_____

☐ In der Wilhelma gibt es weniger Fischarten als in den anderen Zoos.

_____

☐ Der Zoo in Münster besitzt nur acht Amphibien.

_____

☐ Der Berliner Zoo hat fast doppelt so viele Säugetiere wie der Zoo in Münster.

_____

Teste dich selbst!

Einen Sachtext lesen

/1

1 Lies die Überschrift, betrachte das Bild und überfliege den Text. Fasse dann das Thema des Textes mit eigenen Worten in einem Satz zusammen.

***

der Piranha:
sprich: Piranja

Piranhas* sind Feiglinge

Sie verbreiten Angst und Schrecken, doch in Wirklichkeit sind Piranhas nach Erkenntnissen von Forschern Feiglinge: Sie bilden nur deshalb große Schwärme, um sich vor Angreifern zu schützen.

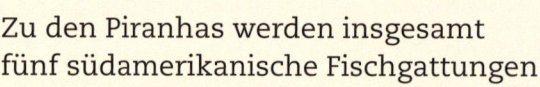

Zu den Piranhas werden insgesamt fünf südamerikanische Fischgattungen gerechnet. Sie sind in fast allen Flüssen Südamerikas zu finden.

Sie werden zwischen 15 und 40 Zentimeter groß, ihr Körper ist seitlich
5 stark abgeflacht und sie besitzen sehr scharfe Zähne, mit denen sie gut Fleischstückchen aus ihrer Nahrung lösen können.

das Aas:
tote Tiere

Piranhas sind Allesfresser. Sie ernähren sich hauptsächlich von Aas*, Pflanzen und Insekten.

„Früher glaubten wir, Piranhas bildeten Schwärme, um gemeinsam zu
10 jagen. Jetzt haben wir herausgefunden, dass es hauptsächlich ein Schutzverhalten ist", sagte die Forscherin Anne Magurran von der schottischen Universität St. Andrew. Piranhas seien ständig Angriffen von Flussdelfinen,

der Kaiman:
ein Krokodil

Kaimanen* und der riesigen Piracucu-Fische ausgesetzt. „Ihr vorsichtiges Verhalten verhindert, dass sie aufgefressen werden", sagte Magurran.
15 Da sie von diesen Raubtieren bedroht werden, bilden Piranhas unterschiedlich große Schwärme. Die Größe des Schwarms hängt dabei vom Gesamtrisiko ab, dem die Fische ausgesetzt sind. Dieses Risiko wird von der Art der Räuber sowie vom zur Verfügung stehenden Platz bestimmt.

Bei Hochwasser bilden die Piranhas kleine Schwärme, da sie mehr Platz
20 haben, um Raubtieren auszuweichen. Bei einem niedrigeren Wasserstand werden die Schwärme größer. Der Wasserstand ändert sich je nach

die Anden:
ein Gebirge in Südamerika

Regenfall und dem Schmelzwasser aus den Anden* um bis zu zwölf Meter während des Jahres.

/3

2 Lies den Text noch einmal gründlich und kläre schwierige Textstellen.

a) Welche Textstellen werden hier einfacher umschrieben? Schreibe die Zeile auf.

Piranhas haben einen flachen Körper. Z. _____

Die Piranhas können jederzeit von Delfinen, Krokodilen oder Raubfischen angegriffen werden. Z. _____

Wenn es geregnet hat oder der Schnee in den Bergen schmilzt, steigt das Wasser in den Flüssen. Z. _____

b) Suche passende Zwischenüberschriften für die ersten drei Abschnitte und schreibe sie auf.

/3

Z. 1–3: _____

Z. 4–6: _____

Z. 7–8: _____

3 a) Welche Frage hat die Forscherin Anne Magurran untersucht? Kreuze an.

/1

☐ Warum sind Piranhas Feiglinge?

☐ Warum bilden Piranhas Schwärme?

☐ Wie leben Piranhas in Schwärmen zusammen?

b) Unterstreiche im Text die Antwort auf die Frage.

/1

4 Wann bilden Piranhas besonders große Schwärme? Kreuze die richtige Aussage an.

/1

Piranhas bilden besonders große Schwärme,

☐ wenn der Wasserstand niedrig ist, denn dann haben sie weniger Platz, um Raubfischen auszuweichen.

☐ wenn der Wasserstand hoch ist, denn dann haben sie mehr Platz, um in großen Gruppen zu schwimmen.

5 a) Sieh dir das folgende Schaubild genau an.

b) Suche im Text die passenden Informationen und vervollständige das Schaubild.

/5

Größe des Schwarms

abhängig von

Wasserstand/zur Verfügung stehendem Patz

z. B.

z. B.

Piracucu-Fisch

Eine Erzählung lesen

Erzähltexte erarbeiten

1. Lies die Überschrift und betrachte die Bilder. Stelle Vermutungen an. Worum könnte es im Text gehen?
2. Lies den Text und vergleiche die Handlung mit deiner Vermutung.
3. Kläre unbekannte Wörter durch Nachdenken, Nachfragen oder Nachschlagen.
4. Gliedere den Text in Abschnitte und fasse sie zusammen.
5. Untersuche die Figuren im Text. Welche Probleme, Wünsche, Ziele haben sie?
6. Denke über den Text nach. Was findest du erstaunlich, was nicht?

1 Lies die Überschrift und betrachte die Bilder zum Text auf Seite 24 und 25. Schreibe Vermutungen auf, worum es in der Erzählung gehen könnte.

_____

_____

2 Lies die Einleitung (Z. 1–11) und schreibe auf,

– wo die Erzählung spielt: _____

– wer die wichtigste Figur ist: _____

Gudrun Mebs

Kaputtes Knie

Moni ist hingefallen. Schlimm hingefallen. Gerade eben noch sauste sie über den Spielplatz. Ein Stein war im Weg und zack, lag Moni auf dem Boden. Bäuchlings.
Die Hose hat am rechten Knie ein Riesenloch und das Knie
5 darunter sicher auch. Blut kommt raus. Viel! Und wie Moni das sieht, da plärrt sie los. Aber auch gleich so, dass der halbe Spielplatz zusammenläuft. Aufgeregt rennen Mütter und Omis hinzu, man hebt die schreiende Moni hoch, man untersucht das Knie, wo Blut rinnt. Mütter und Omis gackern durcheinander:
10 „… das arme Kind … sieht übel aus …" Und wie Moni das hört, da schreit sie noch ärger.
Das hört auch der Andi, Monis Bruder. Er spielt mit den Großen Fußball, als er aufhorcht. Das Gebrüll kennt er doch. So brüllt nur eine: seine Schwester. Andi lässt Fußball Fußball sein und rennt
15 los. Zum Gebrüll, zu den gackernden Müttern und Omis. Da sieht er seine Schwester, kreischend am Boden, blutendes Knie.
Als die Moni ihren Bruder sieht, heult sie nochmals tüchtig auf. Recht geschieht ihm. Warum hat er auch nicht auf sie aufgepasst. Das muss er nämlich, weil's die Mama sagt.

20 Der Andi kniet sich vor die Moni, sagt gar nichts, hebt sie einfach
hoch und schleppt sie auf eine Bank. Dann sagt er mitten in ihr
Geplärr hinein: „Jetzt sei mal still, sonst merkst du ja gar nicht,
wie's weh tut!"
Was? Die Moni klappt den Mund zu und reißt die Augen auf.
25 Und ehe sie wieder loslegen kann, befiehlt ihr der Andi: „Jetzt
krempel mal deine Hose hoch, damit du's richtig sehen kannst."
Was? Auch noch hingucken? „Tut weh!", jammert die Moni.
Aber dann krempelt sie doch vorsichtig das Hosenbein rauf
und vor lauter Vorsicht vergisst sie das Heulen.
30 „Jetzt schau genau hin", kommandiert der Andi weiter, rührt
selber keinen Finger. Die Moni schluckt und bückt sich tiefer
und schaut genau auf das kaputte Knie. Die Wunde sieht nicht
schön aus, da ist ein Loch, ein kleines, und Blut kommt auch
raus, aber nicht mehr so viel.
35 „Und jetzt pass auf", sagt der Andi, „jetzt horch genau hin,
wie weh es tut. Musst ganz genau horchen." Die Moni schaut
verwundert. Weh tut's, da muss sie doch nicht horchen. Aber
gehorsam versucht sie es, sie macht sogar die Augen dabei zu.
Und nach einer Weile sagt sie: „Es tut nicht weh, es brennt."
40 „Gut", lobt der Andi, „kannst du's aushalten?" Die Moni zuckt
die Schultern, schiebt die Unterlippe vor. Es brennt wirklich
ziemlich schlimm. „Schau hin", sagt der Andi, „und horch aufs
Brennen, versuch's."
Die Moni nickt und schaut und horcht. Es brennt eigentlich so,
45 dass man's gut aushalten kann. Eine Weile wenigstens.
„Na siehste", sagt der Andi. Und dann setzt er sich neben die
Moni und legt den Arm um ihre Schultern, was er sonst nicht
tut, und sagt: „Das ist mein Trick! Wenn ich hingeflogen bin
und eine Wunde hab', dann setze ich mich hin und schau sie
50 genau an und horche genau aufs Wehtun. Und dann hab' ich
keine Angst mehr. Klappt immer!" Die Moni schluckt und staunt
und nickt. „Und jetzt gehn wir heim, Knie verbinden", sagt der
Andi und er schaut dabei ein bisschen sehnsüchtig zu den
Fußball spielenden Großen rüber. Manchmal sind Schwestern
55 wichtiger … Andi seufzt, steht auf und sagt zur Moni: „Ich nehme
dich auch huckepack, aber bloß ein Stück!"

3 Lies nun die ganze Erzählung aufmerksam und
überprüfe deine Vermutung aus Aufgabe 1 (Seite 24).
Schreibe in einem Satz auf, worum es in dem Text geht.

_____

_____

_____

4 Die Erzählung ist in vier Handlungsschritte gegliedert. Schreibe zu jedem der markierten Abschnitte einen Satz auf die Schreibzeilen neben dem Text. Dein Satz soll zusammenfassen, was in dem Abschnitt passiert.

TIPP
Unbekannte Wörter kannst du klären durch
> Nachdenken,
> Nachfragen oder
> Nachschlagen.

5 Kläre die Bedeutung der folgenden Wörter:

bäuchlings (Z. 3): _____

plärren (Z. 6): _____

aufhorchen (Z. 13): _____

kommandieren (Z. 30): _____

keinen Finger rühren (Z. 30 f.): _____

jemanden huckepack nehmen (Z. 56): _____

6 a) Der Text nennt drei Gründe, warum Moni plärrt und brüllt. Schreibe sie auf.

Sie plärrt und brüllt,

• weil _____

• weil _____

• weil _____

b) Andi gibt seiner Schwester drei Anweisungen. Sie soll

• _____

• _____

• _____

7 a) Wie verhalten sich die Mütter und Omis?

_____

b) Andi reagiert anders. Erkläre, wie sein Trick funktioniert.

_____

_____

c) Schreibe auf, was du über Andi und sein Verhalten denkst.

_____

_____

Teste dich selbst!

Eine Erzählung lesen

1 Lies die Überschrift des folgenden Textes und notiere eine Vermutung, worum es in dem Text geht.

/1

_____

2 Lies die Erzählung aufmerksam und vergleiche mit deiner Vermutung. Notiere Stichwörter.

/1

_____

Gina Ruck-Pauquét

Mutter sagt immer nein

Nie würde ihre Mutter das erlauben. Franka trug die Sporttasche unter den Arm geklemmt. Der Riemen war schon wieder abgerissen. Nie würde ihre Mutter erlauben, dass sie die Radtour mitmachte. Nie. Aber Franka war nicht gewillt*, so leicht aufzugeben.

5 „Alle fahren mit", würde sie sagen, „alle meine Freundinnen. Die Jutta, die Mareile und die Christel auch."
„Das ist mir ganz gleichgültig*", würde die Mutter sagen.
„Du fährst trotzdem nicht!"
„Warum nicht?", würde Franka fragen.
10 „Weil es zu gefährlich ist", würde die Mutter antworten.
„Aber wir sind doch keine Kinder mehr", würde Franka ihr entgegenhalten. „Du sagst doch selber, dass man lernen muss, sich in der Welt zurechtzufinden."
„Ja", würde die Mutter sagen. „Aber langsam und vorsichtig.
15 Nach und nach."
„Warum dürfen denn die anderen?", würde Franka wieder anfangen.
„Das weiß ich nicht", würde die Mutter sagen. „Und das ist mir auch ganz egal."
An dieser Stelle spätestens würde Franka anfangen zu heulen. „Lass mich
20 doch mit!", würde sie betteln. Und die Mutter würde sagen „Nein!" und „Basta!"
Als Franka in ihren Gedanken so weit gekommen war, stand sie vor der Wohnungstür. Sie war so angespannt wie jemand, der losspringen will.
„Na", sagte ihre Mutter. „Da bist du ja."
25 Und jetzt fängt es an, dachte Franka.
„Die anderen machen eine Radtour an den Steinsee", sagte sie.
„Darf ich mitfahren?"
„Ja", sagte ihre Mutter.

gewillt sein:
die Absicht haben

gleichgültig:
egal

3 Um welches Problem geht es in der Erzählung? Notiere einen Satz.

/1

_____

/ 3

4 a) Markiere die Einleitung, den Hauptteil und den Schluss der Erzählung und notiere die Zeilenangaben.

Einleitung: Z. 1 – _____

Hauptteil: Z. _____

Schlussteil: Z. _____

/ 3

b) Notiere für jeden der drei Teile eine passende Überschrift auf die Zeile.

/ 1

c) Ein Teil der Erzählung findet nur in Frankas Kopf statt. Welcher ist das? Zeile _____ bis _____

/ 6

5 Wie begründen Mutter und Tochter in dem gedachten „Streitgespräch" ihre Meinung? Notiere Stichwörter.

Tochter	Mutter

/ 2

6 Wie gefällt dir das Ende der Erzählung? Begründe deine Meinung.

_____

_____

Gesamt:

/ 18

_____

_____

Ein Gedicht untersuchen

Irmela Brender

Der Kindertraum

Auf einer Wolke mit rötlichem Saum*
Strickt ein Sonnenstrahl einen Kindertraum
Aus leuchtenden Farben und Süße und Duft,
aus Wärme und Sanftheit und Frühlingsluft.

5 Im Muster des Traums wird davon erzählt*,
wie Frau Holle sich einst mit Zwerg Nase vermählt*;
wie ihr Kind, das Dornröschen, ein Jo-Jo erfand,
das immer zurücksprang in Froschkönigs Hand.

Das Rapunzel – im Traum! – hatte purpurnes* Haar,
10 das für Rotkäppchen wie eine Stopp-Ampel war
auf dem Weg zu dem Wolf, der mit Sterntalern zahlt
für die Bilder, die ihm sieben Geißlein gemalt,

während Hänsel und Gretel, Moby Dick, Hans im Glück
ins Schlaraffenland zogen – und auch wieder zurück?
15 Niemand weiß es. Die Wolke wird dunkel am Saum,
die Sonne geht unter, und aus ist der Traum.

Ein Kind träumt ihn jetzt und staunt morgen früh:
Es war wie im Märchen, nur stimmte es nie,
und eine Figur passte gar nicht dazu.
20 Wer war das? Träum nach! Und vielleicht weißt das du.

der Saum:
(hier) der Rand

im Muster des Traums wird davon erzählt:
(etwa) der Traum handelt davon …

sich vermählen: heiraten

purpur: rot

1 Lies das Gedicht einmal durch.
Notiere danach das Thema des Gedichts.

_____

_____

2 Im Traum des Kindes sind viele verschiedene Märchenfiguren durcheinandergeraten.

a) Welche Märchenfiguren erkennst du wieder? Markiere sie im Gedicht.

b) In Vers 19 des Gedichts heißt es „eine Figur passte gar nicht dazu."
Welche Figur ist gemeint?

TIPP

Diese Figur ist keine Märchenfigur, sondern stammt aus einem amerikanischen Roman, der auch verfilmt wurde. Es ist ein weißer Wal, der von einem Kapitän gejagt wird.

3 Was erfährst du über die Märchenfiguren im Gedicht „Der Kindertraum"?
Lies das Gedicht noch einmal genau und löse das Kreuzworträtsel.
Dann kannst du mit Hilfe der bunten Kästchen das Lösungswort herausfinden.

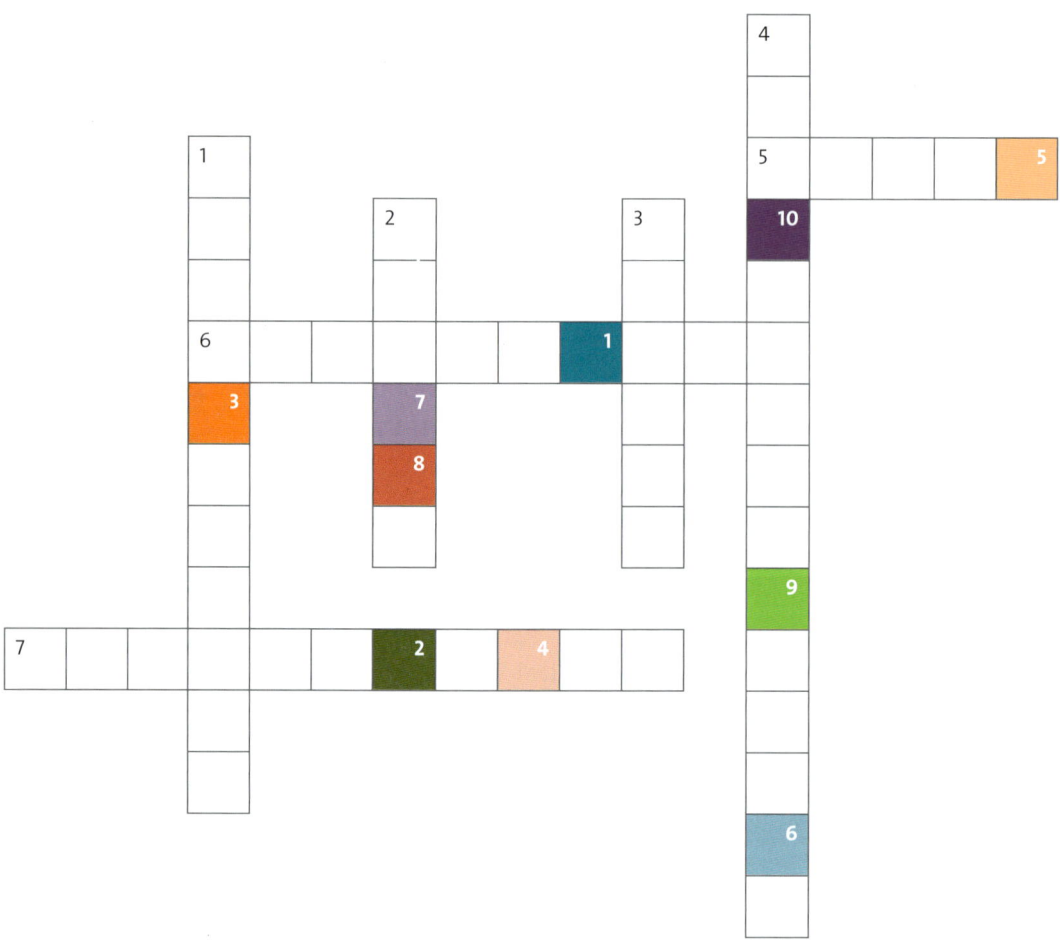

TIPP

Die Buchstaben in den markierten Feldern ergeben in der richtigen Reihenfolge eine weitere Märchenfigur, die nicht im Gedicht vorkommt. Zwei Buchstaben musst du selbst noch ergänzen.

↓ Senkrecht
1. Wer fängt Dornröschens Jo-Jo?
2. Welche Haarfarbe hat Rapunzel?
3. Was kauft der Wolf?
4. Wohin ziehen vier Figuren?

→ Waagrecht
5. Wen heiratet Zwerg Nase? *Frau ...*
6. Womit bezahlt der Wolf?
7. Wer ist Frau Holles Tochter?

Lösungswort:

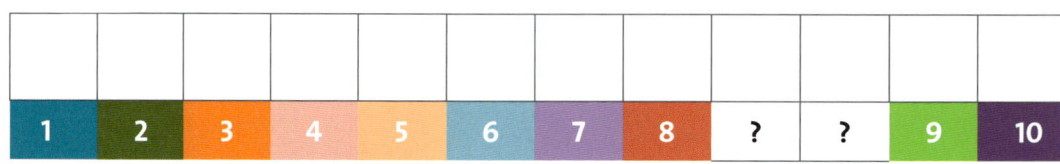

4 Untersuche den Aufbau des Gedichts.

a) Beschreibe die Gedichtform mit Hilfe der Begriffe *Strophe* und *Vers*.

Das Gedicht besteht aus _____

mit je _____

b) Unterstreiche die Reimwörter in jeder Strophe in der gleichen Farbe.
Welches Reimschema wurde verwendet?

_____

5 Ergänze die folgende neue Strophe zum Gedicht mit den Namen von
Märchenfiguren, die du kennst.

Der gestiefelte Kater putzt _____ die Schuh

und _____ schaut dabei _____ .

Gemeinsam treffen sie später _____

und landen unerwartet im Kittchen*.

das **Kittchen:**
(umgangssprachlich)
das Gefängnis

6 Schreibe eine eigene Strophe, die zum Gedicht passt.

a) Suche zunächst viele Märchenfiguren und schreibe sie auf.

der gestiefelte Kater, Rosenrot, _____

_____

_____

_____

TIPP

Du kannst auch
eine Figur
einschmuggeln,
die nicht aus einem
Märchen stammt.

b) Suche zu den Figuren verschiedene Reimwörter, z. B.:

Kater – das Theater, tat er, der Großvater, bat er

Rosenrot – die Not, das Brot, tot, der Pilot, verbot

_____

_____

_____

_____

c) Schreibe nun deinen Vierzeiler in dein Heft. Beachte das Reimschema.

Teste dich selbst!

Ein Gedicht untersuchen

Ludwig Uhland (1787–1826)

Der weiße Hirsch

die Pirsch: die Jagd

Es gingen drei Jäger wohl auf die Pirsch*,
sie wollten erjagen den weißen Hirsch.

Sie legten sich unter den Tannenbaum,
da hatten die drei einen seltsamen Traum.

5 Der erste.
Mir hat geträumt, ich klopf auf den Busch,
da rauschte der Hirsch heraus, husch, husch!

Der zweite.
Und als er sprang mit der Hunde Geklaff*,

das Geklaff: das Bellen
brannt'
(von brennen): (hier) schießen

10 da brannt'* ich ihn auf das Fell, piff, paff!

Der dritte.
Und als ich den Hirsch an der Erde sah,
da stieß ich lustig ins Horn*, trara!

So lagen sie da und sprachen, die drei,

stieß ich ins Horn: blies ich auf dem Jagdhorn (Musikinstrument)

15 da rannte der weiße Hirsch vorbei.

Und eh' die Jäger ihn recht gesehn,
so war er davon über Tiefen und Höhn.
Husch husch! piff, paff! trara!

---

1 a) Lies das Gedicht genau durch.

/1   **b)** Was ist das Thema des Gedichts? Schreibe einen Satz auf.

_____

/2   **2 a)** Beschreibe den Aufbau des Gedichts mit Hilfe der passenden Begriffe:

Das Gedicht besteht aus sieben _____

mit je zwei oder drei _____ .

/1   **b)** Welches Reimschema hat das Gedicht? _____

/3   **3** Lies das Gedicht noch einmal genau durch.
Fasse die drei markierten Abschnitte in Stichwörtern zusammen.

/2   **4** Stelle dir vor, es wäre noch ein vierter Jäger dabei.
Was könnte er sagen? Sammle Reimwörter und erfinde eine neue Strophe.
Schreibe sie in dein Heft.

Gesamt:

/9

Nomen untersuchen

Nomen und ihre Funktion kennen

- **Nomen** (Hauptwörter) bezeichnen Lebewesen, Gegenstände, Gedanken und Gefühle. Durch Nomen erfährst du, von wem oder wovon die Rede ist.
- Nomen haben oft ein **Begleitwort**, z.B. einen bestimmten Artikel (*der, die, das*) oder einen unbestimmten Artikel (*ein, eine*).
- Nomen schreibt man groß.
- Fast alle Nomen kann man im **Singular** (z.B. *das Lied*) oder im **Plural** (z.B. *die Lieder*) verwenden.

1 Was bezeichnen diese Nomen?
Lies die Nomen in der Randspalte und trage sie mit dem passenden bestimmten Artikel in die richtige Spalte der Tabelle ein.

Lebewesen/Personen	Gegenstände	unsichtbare Dinge, z.B. Gedanken, Gefühle …
die Sängerin		

2 a) Lies dir die folgenden drei Wortreihen aus Nomen genau durch. In jeder Reihe gibt es ein Nomen, das nicht zu den anderen passt. Streiche es durch.

Schlagzeug – Gitarre – Bühne – Trompete _____

Reporter – Sänger – Techniker – Fan _____

Angst – Hitze – Nervosität – Anspannung _____

b) Ordne jeder Wortreihe einen passenden Oberbegriff aus der Wörterliste in der Randspalte zu und schreibe ihn auf die Linie.

3 Die Band *Laute Töne* hat am kommenden Samstag gleich drei Auftritte und muss mehr Dinge als sonst mitnehmen. Ergänze die Liste des Bandmanagers mit den richtigen Pluralformen.

1 Kasten Mineralwasser	3 _____ Mineralwasser
1 Fan-Ausweis	10 Fan-_____
1 Tüte Chips	4 _____ Chips
1 Klappstuhl	5 _____

~~die Sängerin~~

der Tontechniker

das Herzklopfen

die Gitarre

die Unruhe

der Scheinwerfer

das Schlagzeug

der Sanitäter

der Lärm

Oberbegriffe für Nomen

Tiere

Gefühle

Gebäude

Musikinstrumente

Berufe

Nomen in vier Fällen

In Sätzen erfüllen Nomen unterschiedliche Aufgaben. Deswegen verändern sie ihre Form. Man unterscheidet **vier Fälle**:

- Der **Nominativ** antwortet auf die Fragen **„Wer?"** oder **„Was?"**
- Der **Genitiv** antwortet auf die Frage **„Wessen?"**
- Der **Dativ** antwortet auf die Frage **„Wem?"**
- Der **Akkusativ** antwortet auf die Fragen **„Wen?"** oder **„Was?"**

1 **a)** Lies die folgenden Sätze über einen bekannten Sänger.

b) Unterstreiche das Wort „Sänger" mit seinem Artikel in jedem Satz.

_____

Der Sänger ist oft im Fernsehen zu sehen.

_____

Die Lieder des Sängers kennt fast jeder.

_____

Die Fans schreiben dem Sänger jeden Tag Briefe.

_____

Sie möchten den Sänger gerne in einem Konzert sehen.

c) Stelle zu jedem Satz eine Frage nach dem Sänger.
Schreibe die Frage auf die Schreibzeile darüber, z.B.:

Wer ist oft im Fernsehen zu sehen?

d) Wo haben sich das Nomen und der Artikel verändert? Markiere die Stellen.

2 **a)** Ergänze die Sätze mit den richtigen Formen von „der Schüler"
in den vier Fällen. Die Fragewörter helfen dir.

Der Schüler freute sich riesig.
(Wer oder was?)

Ein Cousin _____ lud ihn zu einem Popkonzert ein.
(Wessen?)

Alle Freunde wünschten _____ viel Spaß.
(Wem?)

Der Cousin holte _____ ab.
(Wen oder was?)

b) Wie müssen die vier Sätze lauten, wenn der Text von einer Schülerin oder einem Kind handelt? Schreibe beide Möglichkeiten in dein Heft.

c) Markiere, was sich jeweils an den Nomen und den Artikeln ändert.

INFO

Nomen und ihre Artikel verändern sich in den vier Fällen unterschiedlich, je nachdem, ob sie männlich (*der*), weiblich (*die*) oder sächlich (*das*) sind.

Adjektive untersuchen

1 **a)** Lies den folgenden Aushang eines Musikproduzenten.

b) Ergänze den Text mit passenden Adjektiven aus der Randspalte.

Tänzerinnen und Tänzer gesucht!

Im kommenden Sommer wollen wir auf der _____ Insel Ibiza

ein _____ Musikvideo drehen. Dafür suchen wir noch

_____ Tänzer. Du kennst dich mit Hip-Hop aus und trägst gerne

_____ Kleidung? Dann bist du bei uns genau richtig. Das

Vortanzen findet am Freitag, 10. März, in der _____ Fabrikhalle

statt. Bring bitte _____ Schuhe mit.

aufregendes

alten

junge

modische

bequeme

schönen

2 Suche die fünf Adjektive im folgenden Kasten und umkreise sie farbig.

STIMME   SINGEN   LAUT   BÜHNE   HELL   RUFEN   TON   ÜBEN
KURZ   MIT   PROBE   LANGSAM   VOLL   TANZEN   KASSE   SPIELEN

3 Mit Adjektiven lassen sich auch Gegensätze ausdrücken.

a) Trage die Adjektive aus Aufgabe 2 in die linke Spalte der Tabelle ein.

b) Ergänze in der rechten Spalte je ein Adjektiv mit gegensätzlicher Bedeutung.

TIPP
Achte auf die richtige Schreibung der Adjektive!

INFO
Gegensätzliche Adjektive sind z. B.:
jung → alt
groß → klein
hoch → tief

Adjektiv	Adjektiv mit gegensätzlicher Bedeutung

Nachdenken über Sprache: Wortarten

35

Steigerung der Adjektive

INFO
Das Vergleichswort
als verwendet man
bei einem Vergleich,
wenn zwei Dinge
unterschiedlich
sind, z. B.:
A ist größer als B.
Das Vergleichswort
wie verwendet man
bei einem Vergleich,
wenn zwei Dinge
gleich sind, z. B.:
*A ist genauso groß
wie* B.

- Adjektive kann man steigern. Durch die Steigerung von Adjektiven lassen sich Dinge oder Lebewesen miteinander vergleichen, z. B.: *Die Konzertkarte ist teurer als die CD.*
- Bei der Steigerung unterscheidet man drei Formen: **Positiv** (Grundform), z. B.: *Das Keyboard ist **laut**.* **Komparativ** (1. Steigerungsstufe), z. B.: *Die E-Gitarre ist **lauter**.* **Superlativ** (2. Steigerungsstufe), z. B.: *Das Schlagzeug ist **am lautesten**.*

1 In den folgenden Sätzen werden jeweils zwei Dinge miteinander verglichen.

a) Lies die Sätze und unterstreiche in jedem Satz das Vergleichswort.

b) Setze in die Lücken passende Adjektive ein.

Ein Stadion ist *gr*_____ als eine Konzerthalle.

Ein Scheinwerfer leuchtet *h*_____ als eine einfache Lampe.

Das Konzert dauerte *l*_____ als erwartet.

2 a) Trage die Adjektive aus Aufgabe 1 in die richtige Spalte der Tabelle ein.

b) Ergänze alle fehlenden Formen.

Positiv (Grundform)	Komparativ (1. Steigerungsstufe)	Superlativ (2. Steigerungsstufe)

3 Achtung! Die folgenden Adjektive haben unregelmäßige Steigerungsformen. Ergänze die Formen im Komparativ und im Superlativ.

gut _____

viel _____

hoch _____

4 Welche Besonderheit haben die Adjektive *schwanger* und *tot*? Erkläre.

_____

_____

Verben untersuchen

> **❶ Verben und ihre Funktion kennen**
>
> - Das **Verb** nennt man auch Tätigkeitswort oder Zeitwort.
> - Mit Verben bezeichnet man Tätigkeiten (z. B. *tanzen*) und Zustände (z. B. *sein*). Sie sagen etwas darüber aus, was getan wird und was passiert.
> - Verben werden kleingeschrieben.
> - Wenn man ein Verb in einem Satz verwendet, bildet man eine **Personalform**. Das nennt man **konjugieren** oder **beugen**.
>   Die Personalform wird aus dem Infinitiv (Grundform) des Verbs gebildet.
>   An den Verbstamm wird dabei die passende Personalendung gehängt, z. B.:
>   *sing - en* (Infinitiv) → *ich sing - e* (1. Person Singular).

1 a) Lies dir den folgenden Text durch und unterstreiche alle Verben.

Nächste Woche veranstaltet unsere Schule eine Projektwoche.
Die Schülerinnen und Schüler entscheiden sich für ein Projekt
ihrer Wahl.
Unsere Klasse probt ein Theaterstück für das Schulfest.
Ich spiele einen Rockstar und singe sogar!
Wir freuen uns schon riesig auf die Aufführung.
Hoffentlich kommt ihr alle!

INFO
Die Personalendungen bei Verben

	Singular	Plural
1. Pers.	ich gehe	wir gehen
2. Pers.	du gehst	ihr geht
3. Pers.	er geht	sie gehen

b) Schreibe die Verben mit dem richtigen Personalpronomen auf
und bestimme die Personalform, z. B.: *sie veranstaltet – 3. Pers. Sgl.*

_____

_____

_____

_____

2 Manche Verben bestehen aus zwei Teilen, z. B.: *ein|kaufen* → *ich kaufe ein*.

a) Bilde aus den roten und gelben Bausteinen zusammengesetzte Verben
und schreibe sie auf die Linie.

ab	*abstellen,* _____
ein	_____
auf	_____
vor	_____
um	_____

stellen schalten singen sagen ziehen

b) Wähle aus jeder Zeile ein Verb aus und schreibe damit einen vollständigen
Satz in dein Heft.

Die Zeitformen des Verbs kennen

> **❗ Das Präsens (Gegenwartsform)**
>
> Wenn man etwas ausdrücken will, das in der Gegenwart gerade geschieht oder was allgemein gültig ist, dann verwendet man das Präsens, z.B.:
>
> *Er schreibt gerade an einem neuen Song.* → Es geschieht in diesem Moment.
> *Eine Gitarre ist ein Musikinstrument.* → Es ist allgemein gültig.

1 a) Lies die nachfolgenden Sätze im Präsens genau durch.

b) Was wird durch die Präsensform ausgedrückt? Male die Kästchen vor den Sätzen jeweils in der richtigen Farbe aus.

🟥 etwas geschieht gerade   🟨 etwas ist allgemein gültig

☐ Marie übt ein schwieriges Stück auf dem Klavier.

☐ Hip-Hop ist eine Musikrichtung.

☐ Ein Orchester besteht aus mehreren Musikern und einem Dirigenten.

☐ Svens Band probt für den Auftritt in Frankfurt.

☐ Ayse ist nicht da, sie ist bei einer Freundin.

☐ „Carmen" ist der Titel einer bekannten Oper.

☐ Marek ist beim Vorsingen an der Reihe.

2 Im Deutschen kann man das Präsens auch verwenden, um auszudrücken, dass etwas in der Zukunft passiert.

a) Unterstreiche in den folgenden Sätzen alle Verben.

b) Setze in die Lücken passende Wörter aus dem Kasten ein, die zeigen, dass das Ereignis in der Zukunft liegt. Es gibt mehrere Möglichkeiten.

Die Band „Sunrise" geht ＿＿＿＿＿＿＿＿＿ für drei Monate auf Tournee.

Spätestens ＿＿＿＿＿＿＿＿＿ verfassen wir den Liedtext.

Tristan und Marek kommen ＿＿＿＿＿＿＿＿＿ noch zur Bandprobe.

＿＿＿＿＿＿＿＿＿ erscheint endlich die neue Single von „Ace".

TIPP
Achte auf die richtige Schreibung am Satzanfang!

gestern

nächsten Monat

vor zwei Tagen

letzten Freitag

bald

nächste Woche

später

übermorgen

Das Präteritum (einfache Vergangenheitsform)

Mit dem Präteritum kann man ausdrücken, was in der Vergangenheit passiert ist.
Man unterscheidet
- **regelmäßige (schwache) Verben:** Das Verb wird im Präteritum mit **-t-** gebildet. Der Vokal im Wortstamm ändert sich nicht, z. B.: *ich tanze* (Präsens) → *ich tanzte* (Präteritum).
- **unregelmäßige (starke) Verben:** Der Vokal im Wortstamm des Verbs ändert sich im Präteritum, z. B.: *ich singe* (Präsens) → *ich sang* (Präteritum).

INFO
Das Präteritum wird häufig in schriftlichen Texten verwendet.

1 Unterscheide regelmäßige und unregelmäßige Verben in den folgenden Sätzen.

a) Unterstreiche alle regelmäßigen Verben.

b) Umkreise alle unregelmäßigen Verben.

TIPP
Regelmäßige (schwache) Verben erkennst du an dem eingeschobenen **-t / -te** im Präteritum.

Gestern kauften wir uns die Karten für das Konzert im Mai.

Fabrizio ergatterte ein Autogramm.

Beim Konzert sprang der Sänger von der Bühne.

Lisa rief nach ihren Freundinnen.

Ann-Marie klebte das neue Poster ihres Idols an die Wand.

2 Wie lauten die Verben im Präteritum? Bilde zu den Infinitivformen (Grundformen) in Klammern die richtige Personalform und trage sie in die Lücken ein.

HILFEN
Wenn du unsicher bist, schau in der Verbtabelle in der hinteren Umschlagklappe nach.

Die Musik _gehörte_ (gehören) schon immer zum Leben der Menschen.

Bereits die alten Ägypter _____ (besitzen) Musikinstrumente.

Die europäische Musikgeschichte _____ (beginnen)

im Mittelalter (500–1350). In dieser Zeit _____ (singen)

man vor allem in der Kirche. Erst im 12. Jahrhundert

_____ (entwickeln) sich mit dem Minnesang

die Musik auch für Anlässe im Alltag.

Die Minnesänger _____ (sein) gleichzeitig Dichter

und Sänger.

Ab dem 15. Jahrhundert _____ (spielen)

die Menschen in Deutschland auch auf Musikinstrumenten.

INFO

Man benutzt das Perfekt vor allem beim mündlichen Erzählen.

Das Perfekt (zusammengesetzte Vergangenheitsform)

- Das Perfekt wird mit einer Form von *haben* oder *sein* und dem Partizip II des Verbs gebildet.
- Das **Partizip II** beginnt meist mit dem Präfix (Vorsilbe) *ge-*, z.B.: *ge*macht, *ge*schrieben, *ge*sungen.
  Bei zweiteiligen Verben steht das Präfix *ge-* im Partizip II zwischen den zwei Verbteilen, z.B.: *einkaufen → ich habe ein**ge**kauft.*

INFO

Die meisten Verben bilden das Perfekt mit *haben*, z.B.: *ich habe gespielt.* **Verben der Bewegung** bilden das Perfekt mit *sein*, z.B.: *ich bin gerannt, ihr seid gefahren.*

1 Fülle die Lücken mit den passenden Formen von *haben* oder *sein*.

ich ___*habe*___ gespielt   sie (Pl.) _____ geflogen

wir _____ gegangen   ihr _____ gewonnen

du _____ geholfen   es _____ geklappt

2 Trage zu jedem Infinitiv das passende Partizip II in die Kästchen ein. Die markierten Felder ergeben dann von oben nach unten gelesen das Partizip II des Verbs „fragen".

TIPP

Die Verben *beginnen* und *verlieren* bilden das Partizip II ohne das Präfix *-ge.*

beginnen

ziehen

fahren

verlieren

machen

regnen

tanzen

Lösung:

3 Vervollständige die Sätze im Perfekt mit Hilfe der Lösungswörter aus Aufgabe 2.

Gestern ___*sind*___ wir zum Konzert der „Lauten Töne" _____ .

Das Konzert _____ erst mit einer Stunde Verspätung _____ .

Dann _____ es auch noch während des ganzen Konzerts _____

und ich _____ meinen Schal _____ .

Die Band _____ aber mal wieder fantastisch gesungen und

_____ . Wir _____ pausenlos Fotos _____ .

Am Ende _____ der Sänger Bine auf die Bühne _____ !

Teste dich selbst!

Wortarten / Zeitformen des Verbs kennen

1 Umkreise im folgenden Kasten alle fünf Nomen und schreibe sie mit
dem richtigen Artikel auf.

> *BÜHNE   LEISE   SPIELEN   BEKOMMEN   FEIN   HALLE   SIE*
> *SCHNELL   SÄNGER   WIR   BESSER   STIMME   NEU   PROBE*

_____

_____

2 Schreibe zu den vorgegebenen Nomen im Singular die Pluralformen mit
dem Artikel auf.

/ 4

die Gitarre _____   der Ton _____

der Sänger _____   das Konzert _____

3 Gib zu den folgenden Adjektiven jeweils den Komparativ (1. Steigerungsstufe)
und den Superlativ (2. Steigerungsstufe) an.

/ 6

Positiv (Grundform)	Komparativ	Superlativ
weit		
hoch		
viel		

4 Ergänze die passenden Formen im Präteritum und Perfekt.

/ 10

Präsens	Präteritum	Perfekt
ich tanze		
wir gehen		
du sagst		
er bringt		
sie singen		

Gesamt:

/ 25

Satzarten unterscheiden

 Satzarten

- Nach einem **Aussagesatz** steht ein Punkt **.** , z.B.:
  Das Schlagzeug steht auf der Bühne.
- Nach einem **Fragesatz** steht ein Fragezeichen **?**, z.B.:
  Hast du die Plakate aufgehängt?
- Nach einem **Ausrufe-**, **Befehls-** oder **Aufforderungssatz** steht
  ein Ausrufezeichen **!**, z.B.:
  Sing lauter!

1 Lies die folgenden Sätze und bestimme die Satzart.

Silvio und Pascal kommen mit zum Konzert.

_____

Hat es während des gesamten Konzerts geregnet?

_____

Nimm eine warme Jacke zum Konzert mit, Alice!

_____

2 Ein Gespräch nach dem Konzert – lies dir die folgenden Sätze durch und setze
in die Kästchen die fehlenden Satzzeichen ein.

Janina:	„Das Konzert war der pure Wahnsinn ☐ "
Luca:	„Ist euch die coole Frisur des Sängers aufgefallen ☐ "
Marco:	„Janina, gib mir mal deine Kamera ☐ "
Janina:	„Warum ☐ "
Marco:	„Ich möchte gern ein Foto von uns allen machen ☐ "
Janina:	„Das ist eine super Idee ☐ "

3 Manchmal benutzen wir beim Sprechen eine bestimmte Satzart, obwohl wir
eigentlich etwas anderes ausdrücken wollen. Was ist mit den folgenden
Äußerungen eigentlich gemeint? Schreibe Sätze auf, z.B.:

„Kannst du kurz meine Tasche halten?" → *Halt bitte meine Tasche!*

Weiter vorne kann man die Band besser sehen. → _____

_____

„Müssen wir jetzt schon gehen?" → _____

_____

Das Prädikat untersuchen

Das Prädikat

- Wenn ein Verb in einem Satz verwendet wird, ist es als **Satzglied** meist das **Prädikat**.
- In einem Aussagesatz ist das Prädikat das zweite Satzglied, z.B.: *Tobias **singt** seinen aktuellen Song.*
- In einem Fragesatz, der nicht mit einem Fragewort (Wer? Wo? Wann? Warum?) anfängt, ist das Prädikat das erste Satzglied, z.B.: ***Stimmt** er gerade seine Gitarre?*
- Bei **zweiteiligen Prädikaten** (z.B. bei Perfektformen) steht die Personalform im Aussagesatz an der zweiten Satzgliedstelle, der zweite Teil des Prädikats am Satzende, z.B.: *Die Band **hat** die ganze Nacht den neuen Song **geprobt**.*

INFO

Wörter und Wortgruppen, die in einem Satz beim Umstellen immer zusammenbleiben, nennt man **Satzglieder**.

1 Unterstreiche im folgenden Text alle Prädikate.

Vor der Aufnahmeprüfung wiederholt Nele in Gedanken ihren Text.
Adrian stimmt noch einmal seine Gitarre. An einer Pinnwand hängt
ein Zettel mit den Namen aller Kandidaten.
Jetzt öffnet sich die Tür zum Prüfungszimmer.
Ein Prüfer ruft Pierres Namen. Er atmet noch einmal
tief durch und folgt dem Prüfer in das Zimmer.
Er hat jetzt keine Angst mehr.
Schließlich hat er wochenlang geübt.

TIPP

Denke daran, dass Prädikate manchmal aus zwei Teilen bestehen!

2 Da fehlt doch was! Das Prädikat in den folgenden Sätzen ist unvollständig.

a) Sieh dir die folgenden Sätze im Perfekt genau an.

b) Unterstreiche jeweils den ersten Teil des Prädikats.

c) Setze in die Lücken jeweils einen passenden zweiten Prädikatsteil aus der Liste in der Randspalte ein.

Tom hat seinen Schal auf der Heimfahrt im Zug _____ .

Wir sind für das Konzert sogar bis nach Frankfurt _____ .

Die Gruppe hat hart für diesen Auftritt _____ .

Die Fans haben nichts von der Überraschung _____ .

Wir sind vor etwa einer halben Stunde _____ .

Ich bin gestern auf der Festwiese _____ und habe mir dabei

das Handgelenk _____ .

gewusst

gebrochen

vergessen

gestürzt

gefahren

angekommen

geübt

Nachdenken über Sprache : Satzglieder

43

Das Subjekt untersuchen

> **Das Subjekt**
>
> - Das Satzglied, das aussagt, **wer oder was** etwas tut,
>   nennt man **Subjekt**, z. B.:
>   *Der DJ* *legt eine neue Platte auf.*
>   *Das Klavier* *ist verstimmt.*
> - Das Subjekt eines Satzes steht immer im **Nominativ** (Wer-Fall).
> - Du kannst das Subjekt immer mit „Wer oder was?" erfragen, z. B.:
>   *Wer* *legt eine neue Platte auf?* → *Der DJ* *legt eine neue Platte auf.*
>   *Was* *ist verstimmt?* → *Das Klavier* *ist verstimmt.*

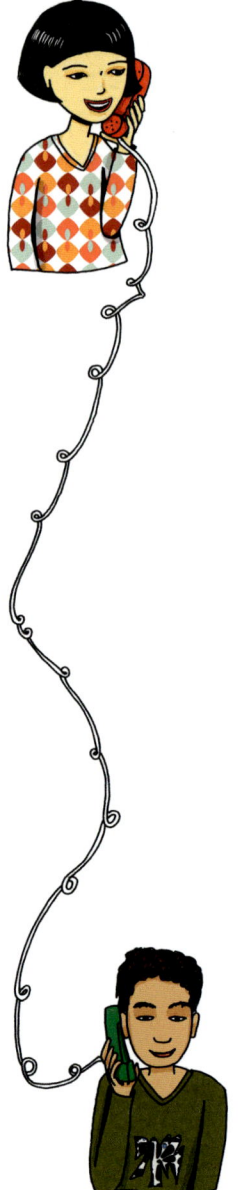

die Redakteurin,
der Redakteur:
Person, die für
Zeitungen oder das
Fernsehen Texte
aussucht und
bearbeitet

1 Pia darf einen Tag lang die Redakteurin* einer Jugendzeitschrift begleiten. Am Abend berichtet sie ihrem Freund Tarek davon am Telefon. Leider ist der Empfang sehr schlecht und Tarek versteht nicht alles.

a) Lass Tarek nach den rot abgedruckten Subjekten fragen. Schreibe seine Fragen in die zweite Spalte.

b) Ergänze jeweils Pias Antwort (das Subjekt) in der dritten Spalte.

Das sagt Pia:	Das fragt Tarek:	So antwortet Pia:
Hi, hier spricht **Pia**.	Wer spricht?	Pia.
Ich war heute den ganzen Tag im Verlag.		
Das Verlagsgebäude ist riesengroß.		
Die Redakteurin Kim ist sehr nett.		
In Kims Büro stehen **drei Computer**.		

c) Finde das Subjekt in den folgenden Sätzen selbst heraus. Notiere dazu Fragen und Antworten und unterstreiche das Subjekt in Pias Aussagen.

Ein ganzes Team arbeitet an einem Artikel.		
Nächste Woche interviewt Kim meine Lieblingsband.		

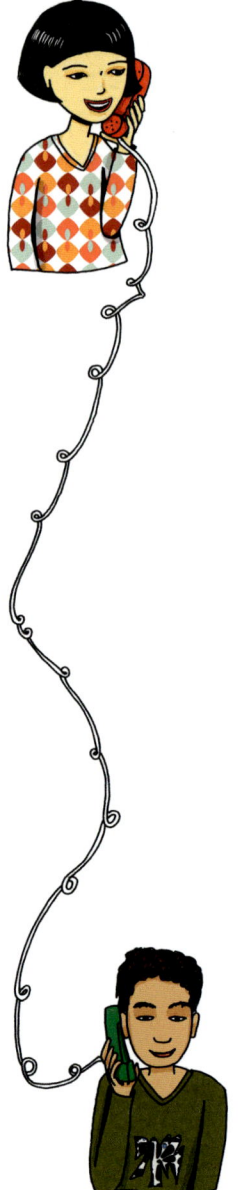

Nachdenken über Sprache : Satzglieder

44

2 Wer oder was? In den folgenden Sätzen fehlen alle Subjekte.
Ergänze die Sätze mit deinen eigenen Ideen.

_____ hört gerne Musik.

Am liebsten schaut _____ fern.

_____ hilft mir oft.

_____ machen mir manchmal Angst.

_____ ist für mich unvergesslich!

3 Subjekt und Prädikat – wer tat was auf dem Rockkonzert?

a) Ergänze die folgenden Sätze mit einem passenden Prädikat aus
der Randspalte.

Eine Journalistin _führte_ ein Interview mit dem Veranstalter.

Stundenlang _____ die Fans auf die Band.

Zwei Sanitäter _____ einen ohnmächtigen Jungen.

Wegen der großen Menschenmenge _____ der Bus nur sehr langsam.

Die Aufnahmen aus dem Stadion _____ ein erfahrenes Fernsehteam.

Polizisten _____ einen Randalierer.

führte

versorgten

machte

fuhr

verhafteten

warteten

b) Erfrage zu jedem Satz das Subjekt mit „Wer oder was?", z.B.:
„Wer oder was führte ein Interview mit dem Veranstalter?"
Umkreise dann das Subjekt im Satz, z.B.:

(Eine Journalistin) führte ein Interview mit dem Veranstalter.

4 Unterstreiche in den folgenden Sätzen das Prädikat und umkreise das Subjekt.

(Noah) schenkt seiner Schwester Lucy eine Konzertkarte.

Jeden Donnerstag gehen Lukas und Leonie zum Tanzkurs.

Auch ein Superstar trainiert hart für den Erfolg.

Mareks Eltern arbeiten als Schauspieler.

Wir suchen einen neuen Gitarristen.

Die Vorstellung hat zwei Stunden gedauert.

Ich bewerbe mich beim Casting.

TIPP
Die Frage
„*Was tut …?*" hilft
dir, das Prädikat zu
bestimmen.
Mit „*Wer oder
was …?*" erfragst du
das Subjekt.

Objekte untersuchen

> **Das Objekt**
>
> Ein vollständiger Satz besteht immer aus Subjekt und Prädikat.
> Der Satz kann durch **Objekte** erweitert werden.
> - Das **Akkusativ-Objekt** antwortet auf die Frage **„Wen oder was?"**, z. B.:
>   *Der Sänger hält das Mikrofon.*
>   *Wen oder was hält der Sänger?* → *das Mikrofon*
> - Das **Dativ-Objekt** antwortet auf die Frage **„Wem?"**, z. B.:
>   *Der Manager hilft den Bandmitgliedern.*
>   *Wem hilft der Manager?* → *den Bandmitgliedern*

Die folgenden Sätze sind ohne Objekt nicht vollständig.

a) Ergänze die fehlenden Objekte aus der Wortliste am Rand.

fünf neue Lieder

drei Konzertkarten

die Kandidaten

Lucilla kauft _____ .

Die Jury prüft _____ .

Das Album enthält _____ .

b) Akkusativ- oder Dativ-Objekt? Überprüfe die drei Sätze in Aufgabe 1a) und ergänze die folgende Aussage.

Die drei Satzglieder antworten alle auf die Frage _____ *?*

und sind deshalb _____ *-Objekte.*

2 Erfrage die Objekte in den folgenden Sätzen mit „Wen oder was?" (Akkusativ-Objekt) oder „Wem?" (Dativ-Objekt). Unterstreiche die Objekte und schreibe den richtigen Fall (Akkusativ oder Dativ) neben die Sätze.

Die Technikerin verlegt die Stromkabel. _____

Ein Sanitäter hilft einem ohnmächtigen Jungen. _____

Die Pressefotografen machen viele Bilder. _____

Die Fans fahren dem Tourbus hinterher. _____

3 Vervollständige die Sätze, indem du passende Objekte ergänzt.

Der Modedesigner entwirft _____ .
(Akkusativ-Objekt)

Die Fans jubeln _____ zu.
(Dativ-Objekt)

Der Manager sagt _____ ab.
(Akkusativ-Objekt)

Die Umstellprobe anwenden

Die Umstellprobe

- Mit der **Umstellprobe** kannst du feststellen, aus wie vielen Bausteinen ein Satz besteht.
- Wörter und Wortgruppen, die bei der Umstellprobe immer zusammenbleiben, nennt man Satzglieder, z. B.:

Der Sänger *gab* *seinen Fans* *ein Autogramm* .

Seinen Fans *gab* *der Sänger* *ein Autogramm* .

Gab *der Sänger* *seinen Fans* *ein Autogramm* ?

1 **a)** Sieh dir den folgenden Satz genau an. Trenne die einzelnen Satzglieder durch Striche voneinander ab.

Die Jury | überreichte dem außergewöhnlich begabten Sänger

seinen ersten Musikpreis.

b) Finde heraus, ob du Aufgabe 1a) richtig gelöst hast, indem du die einzelnen Satzglieder dreimal so umstellst, dass neue sinnvolle Sätze entstehen. Schreibe die Sätze auf die Leerzeilen.

Satz 1:

_____

_____

_____

Satz 2:

_____

_____

_____

Satz 3:

_____

_____

_____

c) Unterstreiche in allen deinen Sätzen jeweils das Subjekt **blau**, das Prädikat **orange**, das Dativ-Objekt **lila** und das Akkusativ-Objekt **grün**.

Teste dich selbst!

Satzarten und Satzglieder bestimmen

/ 6

1 a) Ergänze die fehlenden Satzzeichen in den folgenden Sätzen.

b) Bestimme die Satzart und schreibe sie auf die Schreibzeile daneben.

Kommst du mit zu Timos Bandprobe ☐ _____

Hört auf zu drängeln ☐ _____

Inga hat sich eine neue CD gekauft ☐ _____

/ 3

2 Unterstreiche in den folgenden Sätzen das vollständige Prädikat.

Das Konzert beginnt um 20 Uhr.

Die Künstler sind vor zehn Minuten angekommen.

Hast du schon das neue Lied gehört?

/ 4

3 Bestimme in den folgenden Sätzen die unterstrichenen Satzglieder.
Notiere deine Antwort auf den Leerzeilen neben den Sätzen.

Eine große Menschenmenge stand vor der Halle. _____

Tobias besitzt eine große CD-Sammlung. _____

Gitarrenmusik höre ich am liebsten. _____

Hast du mir ein Autogramm mitgebracht? _____

/ 1

4 Lies den folgenden Beispielsatz und kreuze die richtige Aussage an.

Mark sucht sein Mikrofon.

Der Beispielsatz enthält kein

☐ Prädikat.　　☐ Dativ-Objekt.　　☐ Akkusativ-Objekt.

/ 4

5 Trenne im folgenden Satz alle Satzglieder durch Striche voneinander ab und
bestimme sie.

Die anderen Teilnehmer gönnten der jungen Sängerin den Sieg.

Subjekt: _____

Gesamt:

/ 18

_____

_____

48

Richtig abschreiben

Richtiges Schreiben durch Abschreiben

Durch **Abschreiben** von Texten kannst du deine Rechtschreibung trainieren. Vor dem Abschreiben solltest du dir die Schreibung schwieriger Wörter genau einprägen. Dabei können dir Rechtschreibproben helfen, z.B. die Ableitungsprobe und die Verlängerungsprobe.

1 **a)** Lies jedes Wort zweimal laut. Achte auf deutliches Sprechen.

b) Schreibe jedes Wort dreimal auf.

das Grünzeug _____

die Pflanze _____

natürlich _____

die Fliege _____

der Käfer _____

das Insekt _____

klebrig _____

das Wachs _____

2 *e* oder *a*? Wörter mit *ä* kannst du ableiten.
Suche zu jedem Beispiel ein verwandtes Wort mit *a*.

gef_ä_hrlich → *die Gefahr*_____ die __ste → _____

die Bl__tter → _____ h__ngen → _____

die N__hrstoffe → _____ __ngstlich → _____

TIPP

Den Vokal überprüfst du mit Hilfe der **Ableitungsprobe**: Suche ein verwandtes Wort.

3 Verlängere die folgenden Wörter und überprüfe so die richtige Schreibung.

a) Welcher Konsonant steht am Wortende: *d* oder *t*? Bilde den Plural.

der Mun_d_ → die *Münder*_____ der Duf__ → die _____

der Ran__ → die _____ das Wor__ → die _____

b) Welcher Konsonant steht am Wortende: *g* oder *k*? Bilde den Plural.

die Ban__ → die _____ die Bur__ → die _____

der Ta__ → die _____ das Wer__ → die _____

TIPP

Den Konsonanten am Wortende überprüfst du mit Hilfe der **Verlängerungsprobe**: Verlängere das Wort und lies es laut.

1. Lies den gesamten Text zweimal laut. Achte darauf, langsam und deutlich zu sprechen.
2. Lies nun die Wörter bis zum Ende einer Abschreib-Einheit (Schrägstrich) Wort für Wort und Silbe für Silbe.
3. Präge dir die Wörter genau ein.
4. Schreibe die Wörter auswendig auf.
5. Kontrolliere deine Schreibung, indem du Wort für Wort mit der Vorlage vergleichst.

4 a) Lies den folgenden Text über fleischfressende Pflanzen.

Gefährliches Grünzeug

Sie bewegen sich / nicht von der Stelle / und gehen doch auf Jagd. / Sie fressen / ihre Beute, / obwohl sie / keinen Mund haben. / Die Rede ist von / fleischfressenden Pflanzen. /
Viele Gruselgeschichten / sind über sie / ausgedacht worden. / Sie würden / mit Riesenblüten / und langen Ästen / sogar Menschen verschlingen. / Das ist natürlich / nur erfunden. / In Wirklichkeit / sind diese Pflanzen / meist klein. / Fliegen, Käfer / und andere Insekten / werden von / ihrem süßen Duft / angelockt. / Dann bleiben sie / an klebrigen Blättern / hängen / oder rutschen / in eine Falle hinein. /
Fleischfressende Pflanzen / können sich / ihre Nährstoffe / aber auch normal / aus dem Boden / holen. / Deshalb muss man / auch nicht / ängstlich sein: / Selbst bei Fliegenmangel / schnappen die Pflanzen / nicht nach / einem Finger.

(112 Wörter)

b) Unterstreiche mindestens fünf Wörter, die dir beim Schreiben Schwierigkeiten bereiten könnten.

c) Lies die Wörter zweimal laut und deutlich vor und schreibe sie dann dreimal ab.

_____

_____

_____

d) Präge dir diese Übungswörter gut ein.
Decke sie dann ab und schreibe sie auswendig in dein Heft.

e) Kontrolliere die Schreibung der Wörter und prüfe nach, welche du vergessen hast.

5 Schreibe nun den gesamten Text in dein Heft. Gehe nach der Schrittfolge 1–5 des Merkkastens vor.

6 a) Streiche falsch abgeschriebene Wörter durch und schreibe sie richtig darüber.

b) Notiere deine Fehlerwörter. Achte auf die richtige Schreibung.

7 a) Lies den folgenden Text über zwei Tiere auf einem Baum.

Wo ist die Raupe?

Eine Meise* / sitzt auf einem Baum / und wundert sich. / Gerade eben hat sie / eine Raupe gesehen, / die langsam / einen Ast hinaufkroch. / Aber wo / ist sie jetzt? /
Auch die kleine Raupe / hat die Meise / entdeckt. / Sie ist klug / und spürt / die Gefahr. / Sie klammert sich / mit den Hinterbeinen / fest an den Ast. / Dann richtet / sie sich auf. / Sie macht ihren Körper / starr und steif. / Wie ein brauner Zweig / sieht sie nun aus. /
Die Meise wartet / und hofft. / Nichts rührt sich. / Schließlich / fliegt sie davon. / Einen Zweig / mag sie nicht fressen. / Der ist ihr / viel zu hart. / Die kleine Raupe aber / ist gerettet. Sie rollt sich / wieder zusammen / und kriecht weiter / den Ast hinauf. / Bestimmt wird bald / ein schöner Schmetterling / aus ihr.

(124 Wörter)

die Meise:
ein kleiner Vogel

b) Unterstreiche mindestens fünf Wörter im Text, die du üben möchtest und präge dir ihre Schreibung ein.

c) Lies die Wörter zweimal laut und deutlich vor.

d) Schreibe die Wörter zur Übung dreimal hintereinander auf.

die Meise _____

_____

_____

_____

8 a) Schreibe den ganzen Text in dein Heft ab.
Gehe dabei so vor, wie du es auf den beiden vorigen Seiten gelernt hast.

b) Überprüfe deinen abgeschriebenen Text Wort für Wort und berichtige Fehlerwörter.

9 Übe die richtige Schreibung deiner Fehlerwörter.

a) Lege dazu in deinem Heft eine Wortliste mit drei Spalten an:

1) Übungswörter	2) auswendig aufschreiben	3) kontrollieren und verbessern

b) Trage deine Fehlerwörter von Seite 50 und 51 in die linke Spalte der Liste ein.

c) Trainiere die Schreibung der Wörter in dieser Reihenfolge:
  1. Lies die Übungswörter einmal laut und einmal leise. Präge sie dir gut ein.
  2. Decke die erste Spalte ab und schreibe sie auswendig in die zweite Spalte.
  3. Decke die erste Spalte auf und vergleiche mit der zweiten Spalte.
     Verbessere falsch geschriebene Wörter und schreibe sie in die dritte Spalte.

Wörter mit langen Vokalen

 Wörter mit Doppelvokalen

Es gibt nur wenige Wörter mit **Doppelvokalen**, z. B.: *der Saal, die Idee, der Zoo*.
Das sind Lernwörter. Merke sie dir gut!
Achtung: Die Vokale *i* und *u* werden nie verdoppelt.

1 In den folgenden Versen fehlen die Reimwörter.

a) Lies die Verse und ergänze sie mit einem passenden Reimwort
aus der Randspalte.

b) Unterstreiche dann alle Wörter mit doppeltem Vokal.

der Tee

~~*das Püree*~~

das Boot

der Aal

Es war einmal eine Fee,

die aß am liebsten _Püree_ .

Dazu trank sie Kaffee,

denn sie mochte keinen _____ .

Zu einem Fest im großen Saal,

kochte sie für alle _____ .

Sie tanzten bis zum Morgenrot

Dann fuhren sie zusammen _____ .

c) Trage die unterstrichenen Wörter in die folgende Liste ein.

aa: _____

ee: _____

oo: _____

2 Lecker! Welche Beeren gibt es?

a) Bilde Wörter aus den Vorgaben und schreibe sie mit ihrem Artikel auf.

die Erdbeere

b) Notiere zwei weitere Beerensorten, die du kennst, auf den Linien neben
den freien Blättern.

3 Wähle fünf Übungswörter von dieser Seite und schreibe mit jedem Wort
einen Satz in dein Heft. Unterstreiche die Übungswörter.

Wörter mit *ie*

Wenn ein Wort ein betontes langes *i* hat, schreibt man es fast immer mit *ie*, z. B.: *das Lied, siegen, viel.*
Achte beim Sprechen auf die Betonung und die Länge des Vokals.

1 Auf dem Bild sind sieben Wörter mit *ie* versteckt.

a) Sprich die Wörter deutlich aus. Achte auf den langen Vokal.

b) Schreibe die Nomen mit ihrem Artikel auf.

c) Unterstreiche das *ie*.

der Dieb _____

_____

_____

2 Zum Sprechen und Schreiben: Wie lautet der Zungenbrecher richtig?
Ergänze das *ie* und schreibe den Satz richtig auf.

Wenn Fl__gen hinter Fl__gen fl__gen, fl__gen Fl__gen Fl__gen hinterher.

_____

_____

3 Wer macht was? In den folgenden Quatsch-Sätzen wird von seltsamen Dingen berichtet.

a) Ergänze das *ie* in den folgenden Wörtern und schreibe die Sätze richtig ab.

b) Unterstreiche das *ie*.

S__ben St__re fr__ren n__.

_____

V__le Fl__gen sp__len Kr__gen.

_____

V__r R__sen g__ßen die W__sen.

_____

S__bzehn D__be sch__ßen v__l.

_____

4 Welche Verben mit **-ie** kannst du bilden?

a) Verbinde die passenden Silben mit einer Linie.

b) Schreibe die Verben auf.

spie	gen	_spielen_	schie	chen	_____
frie	ren	_____	zie	ben	_____
sie	len	_____	rie	hen	_____

c) Bilde mit jedem Verb einen Satz und schreibe ihn auf.

_____

_____

_____

_____

_____

_____

_____

_____

TIPP

Es gibt viele Verben, die auf -ieren enden, z.B.: spazieren, reparieren.

5 Welche Verben auf **-ieren** werden hier umschrieben?

a) Schreibe das passende Verb auf.

am Telefon mit jemandem sprechen _____

nicht gewinnen _____

regelmäßig üben _____

etwas versuchen _____

jemandem herzlich zum Geburtstag ... _____

sich Barthaare entfernen _____

b) Suche weitere Verben auf **-ieren** und schreibe sie auf.

_____

_____

Wörter mit Dehnungs-*h*

Wenn du dir nicht sicher bist, ob auf einen betonten langen Vokal ein **h** folgt, dann überprüfe den Konsonanten, der auf den Vokal folgt. Ein Dehnungs-**h** steht nur vor den Buchstaben **l**, **m**, **n** oder **r**, z.B.:
der Stuhl, nehmen, der Zahn, das Rohr.

1 a) Lies die Erzählung und unterstreiche alle Wörter mit einem Dehnungs-**h**.

b) Ordne die Wörter in die Tabelle ein. Unterstreiche das Dehnungs-**h**.

TIPP
Lies alle Wörter einmal vor und sprich sie laut und deutlich aus. So kannst du sie dir besser merken.

Keine lahme Ente!

Max freute sich sehr. Endlich konnte er sein neues Fahrrad ausprobieren, das er zum Geburtstag geschenkt bekommen hatte. An diesem Morgen hielt ihn nichts mehr in der Wohnung. Ohne Zeit zu verlieren, nahm Max seinen Helm und rannte
5 in den Keller. Dort stand es. Der silberne Rahmen glänzte. Lenker, Sattel, Klingel – alles dran. Draußen war es noch kühl, aber Max fühlte schon die warmen Strahlen der Sonne. Der Wind blies ihm um die Ohren. Ein herrliches Gefühl! „Bahn frei!", rief er dem Wind zu.

Wörter mit *hl*	Wörter mit *hm*	Wörter mit *hn*	Wörter mit *hr*
	lah̲m		seh̲r

2 Bilde zu den folgenden Nomen das passende Verb.

der Fahrer _____   der Fehler _____

die Zahl _____   die Erzählung _____

der Bohrer _____   die Wahl _____

INFO
Bei verwandten Wörtern wird der Wortstamm immer gleich geschrieben, z.B.:
die Wahl, auswählen, wählerisch.

3 Suche zu den Wortstämmen BAHN, WOHN und FÜHL passende Wörter.

BAHN	die Eisenbahn, _____
WOHN	bewohnen, _____
FÜHL	_____

Wörter mit kurzen Vokalen

Wörter mit Doppelkonsonanten

Auf einen betonten kurzen Vokal folgen immer zwei oder mehr Konsonanten,
z.B.: *die Wand, rosten, bunt, sie singt*.
Wenn ein Wort einen betonten kurzen Vokal hat und man danach
nur **einen** Konsonanten hört, dann wird dieser verdoppelt, z.B.:
die Wanne, fallen, sonnig, er rettet.

1 Bei konjugierten Verbformen und in verwandten Wörtern bleiben
die Doppelkonsonanten erhalten.

a) Ergänze die konjugierten Formen.

b) Suche weitere verwandte Wörter und schreibe sie auf die Linie darunter.

fallen	du *fällst*	er *fällt*
	der Fall, der Fallschirm,	
treffen	er	wir
rennen	du	er

2 a) Bilde aus den Buchstaben der Blume Wörter,
in denen **ass** vorkommt.

blass

b) Bilde mit den gefundenen Wörtern Sätze und schreibe sie in dein Heft.

3 a) Suche passende Reimwörter und schreibe sie auf.

TIPP
Wenn ein Wort
einen Doppel-
konsonanten hat,
haben meist auch
die Reimwörter
einen doppelten
Konsonanten.

der Schwamm	der Knall	nennen
der Stamm	der B	k
der K	der Unf	r
das L	der St	br

b) Wähle eine der Spalten aus und schreibe mit den gefundenen Wörtern
ein kurzes Gedicht in dein Heft.

Wörter mit *ck* und *tz*

Nach einem kurz gesprochenen betonten Vokal schreibt man meistens
- **tz** statt **zz**, z.B.: *die Mütze, witzig,*
- **ck** statt **kk**, z.B.: *der Zucker, backen.*

1 Fülle den Lückentext mit passenden Wörtern aus der Liste am Rand.
Achte darauf, die Nomen und Verben in der richtigen Form einzusetzen.

Katzen

_____ sind sehr saubere Tiere und mögen keinen _____ .

Sie *putzen* sich jeden Tag von der _____ bis zur

_____ . Dabei _____ sie mit ihrer

rauen Zunge über das Fell.

Die Stubentiger sind aber auch sehr eigensinnige Tiere. Manchmal

_____ sie stundenlang an einem _____ . Dann wieder

_____ sie den Sessel. Du kannst sie _____ ,

wenn du weißt, was ihnen _____ . Treffen sie einen Hund,

fauchen sie und machen einen _____ .

ck:

der Dreck

lecken

der Fleck

locken

schmecken

der Buckel

tz:

die Katze

~~putzen~~

die Tatze

die Schwanz-spitze

sitzen

zerkratzen

2 Ein anderer Vokal – ein anderes Wort!

a) Lies das Wort und markiere den kurzen Vokal mit einem Punkt.

b) Tausche den Vokal aus, sodass ein neues Wort entsteht, und schreibe es auf die Linie darunter.

c) Lies das Wort und markiere den neuen kurzen Vokal.

wịckeln	der Schatz	necken
wạckeln	_____	_____
das Becken	der Deckel	die Hocke
bạcken	_____	_____
petzen	setzen	schwatzen
_____	_____	_____

Wörter mit ß und ss

- Ein **ß** steht nur nach einem betonten langen Vokal oder nach einem Doppellaut (*au, ei, eu*), z. B.: *süß, die Süßigkeit, süßlich; der Fleiß, fleißig.*
- **ss** steht nach einem betonten kurzen Vokal, z. B.: *küssen, der Kuss; der Schuss; russisch.*

1 Was reimt sich?

a) Suche die fehlenden Reimwörter und ergänze die Lücken.

b) Schreibe das Gedicht in dein Heft ab und unterstreiche den langen Vokal.

c) Kontrolliere noch einmal Wort für Wort, ob du fehlerfrei abgeschrieben hast.

die Geiß: Ziege

Auf Geiß* reimt sich _Fleiß_____

und auf weiß reimt sich h_____ .

Auf fließen reimt sich sch_____

und auf gießen reimt sich spr_____ .

Auf bloß reimt sich St_____

und ein Kloß, der ist gr_____ .

Auf Fuß reimt sich Gr_____ .

Und auf Füße? Viele Gr_____ !

2 Die folgenden Wörter mit **ß** und **ss** gehören alle zur gleichen Wortfamilie.

fressen	*gefräßig*	*der Vielfraß*	*sie fressen*	*er fraß*
	gefressen	*der Fraß*	*der Fressnapf*	

INFO

Alle Wörter einer **Wortfamilie** sind miteinander verwandt. Sie haben den gleichen Wortstamm, z. B.: *bauen, das Gebäude.*

a) Sprich die Wörter deutlich aus. Achte auf den langen oder kurzen Vokal.

b) Ordne die Wörter der Wortfamilie in die richtige Spalte ein.

c) Markiere den **s**-Laut.

Wörter mit kurzem Vokal	Wörter mit langem Vokal
fressen	er fraß

Teste dich selbst!

Wörter mit langen und kurzen Vokalen

1 Langer Vokal – wie schreibe ich ihn?

a) Fülle die Lücken mit den Vokalen **a**, **e**, **o** oder **u**. Setze, wo es nötig ist, ein Dehnungs-**h** ein.   `/7`

der Z____n   h____l   der St____l   das J____r

n____men   der F____ler   s____r

b) Ergänze die folgende Regel: `/4`

*Nach langem **a**, **e**, **o** und **u** steht oft ein **h**, wenn darauf die Konsonanten*

☐ , ☐ , ☐ *oder* ☐ *folgen.*

2 Kurzer Vokal – wie schreibe ich ihn?

a) Ergänze die folgenden Regeln: `/2`

Nach einem betonten kurzen Vokal stehen immer _____ *Konsonanten.*

Wenn man nach einem betonten kurzen Vokal nur _____ *Konsonanten hört, wird dieser verdoppelt.*

b) Suche für jeden Doppelkonsonanten zwei weitere Wörter.   `/6`

Wörter mit **ff**:   der Treffer, _____

Wörter mit **ll**:   sollen, _____

Wörter mit **tt**:   der Ritter, _____

3 **ß** oder **ss**? Lies die folgende Erzählung und setze **ß** oder **ss** richtig ein.   `/8`

Es war einmal ein Klo____, der war wa____erscheu.

Er wu____te genau, wenn er einmal gro____ ist, wird man ihn

in einen Ke____el mit hei____em Wa____er werfen. Also

beschlo____ er, heimlich die Küche zu verla____en. Munter lief er

die Landstra____e entlang. Doch bald taten ihm die Fü____e weh.

Was sollte er blo____ tun? Drei Tage lang sa____ er ratlos in einer Ga____e.

Da kam ein Vogel Strau____ des Wegs – und fra____ ihn auf!

Gesamt: `/27`

Wörter verlängern und richtig schreiben

1 Übe die Verlängerungsprobe bei Adjektiven.
Welcher Buchstabe fehlt bei den Adjektiven in der linken Spalte?
Finde die richtige Schreibung heraus, indem du die Wörter in der rechten Spalte verlängerst.

Das Buch war spannen*d* .   Wir lasen ein _spannendes_ Buch.

Äpfel sind gesun__ .   Äpfel sind _____ als Schokolade.

Der Wind weht star__ .   Es wehte ein _____ Wind.

Der Tag war lan__ .   Im Frühling werden die Tage _____ .

2 Übe die Verlängerungsprobe bei Verben.

a) Welcher Buchstabe fehlt? Finde die Schreibung der Verben heraus, indem du zu jedem Verb zuerst den Infinitiv (die Grundform) bildest.

sie schwe*b*t → _schweben_   sie to__t   → _____

er kle__t   → _____   er schwei__t → _____

er win__t   → _____   sie par__t   → _____

sie sä__t   → _____   ihr pro__t   → _____

b) Bilde mit jedem Verb einen Satz und schreibe ihn in dein Heft.

3 Übe die Verlängerungsprobe bei Nomen.
Wie heißen die gesuchten Rätselwörter? Überprüfe die richtige Schreibung deiner Lösung, indem du den Plural der Nomen bildest.

	Singular	Plural
Das ist das Kind der Kuh:	_das Kalb_	_die Kälber_
Mit diesem Körperteil schreibt man:		
Das Gegenteil von einem Riesen:		
Darin hängen Kleider:		

Den Wortstamm beim Schreiben nutzen

Die Ableitungsprobe: *e* oder *ä*, *eu* oder *äu*

Wenn du dir nicht sicher bist, wie ein Wort geschrieben wird, kann dir meist der **Wortstamm** eines verwandten Wortes helfen, z. B.:

St e/ä rke? → *st**a**rk* → *St**ä**rke*

der Verk eu/äu fer? → *verk**au**fen* → *der Verk**äu**fer*

1 Suche verwandte Wörter mit *a* und *au*.

ä → a		äu → au	
er fährt	*fahren*	träumen	*der Traum*
sie schläft		säubern	
ängstlich		das Gebäude	
das Häschen		er läuft	
sich kämmen		der Räuber	
die Wände		aufräumen	
die Gräser		die Bäuerin	

2 Im folgenden Wortgitter sind waagerecht und senkrecht acht Nomen mit *ä* oder *äu* im Plural versteckt.

  a) Suche die Nomen heraus und schreibe sie auf.

  b) Bilde den Singular und schreibe ihn daneben. Verwende den richtigen Artikel.

A	B	G	K	A	E	R	T	G
H	Ä	U	S	E	R	P	N	Ü
L	R	T	F	X	C	J	Q	A
S	T	H	F	Ä	U	S	T	E
D	E	P	Z	M	E	F	V	H
I	H	T	T	Ä	V	O	G	Ä
B	Q	E	P	U	X	J	Y	H
Ä	G	L	Ä	S	E	R	L	N
U	N	G	T	E	Z	C	F	E
M	G	L	R	U	X	M	B	A
E	Ö	T	G	R	Ä	D	E	R

die Bäume – der Baum

_____

_____

_____

_____

_____

_____

_____

Teste dich selbst!

Wörter verlängern und den Wortstamm nutzen

1 Schreibt man das Wort mit **d** oder **t**, **g** oder **k**, **b** oder **p**?

/ 5

a) Ergänze in der linken Spalte jeweils den letzten Buchstaben des Wortes. Überprüfe deine Schreibung, indem du in der rechten Spalte das verwandte Wort dazu suchst. Ergänze auch hier den fehlenden Buchstaben.

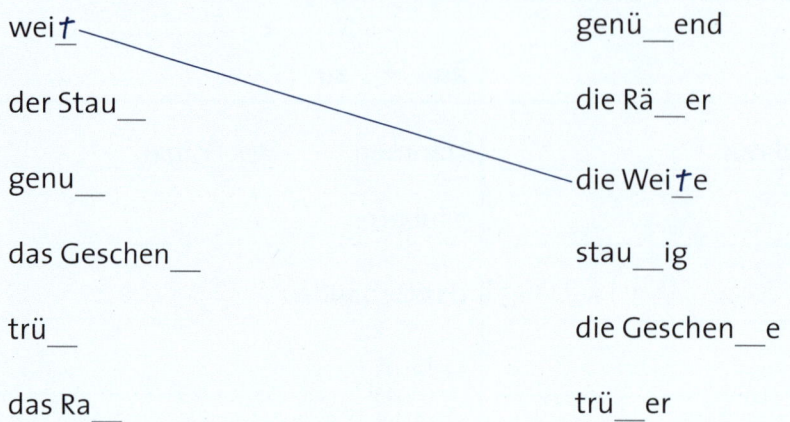

wei**t**   genü__end

der Stau__   die Rä__er

genu__   die Wei**t**e

das Geschen__   stau__ig

trü__   die Geschen__e

das Ra__   trü__er

/ 8

b) Welcher Buchstabe fehlt? Verlängere die folgenden Adjektive, indem du ein passendes Nomen ergänzt.

run **d** – *der runde Ball* _____

klu__ – _____

preiswer__ – _____

schlan__ – _____

star__ – _____

/ 8

2 **äu** oder **au**, **e** oder **ä** – wie werden die Wörter richtig geschrieben?

a) Überprüfe die Schreibung, indem du ein verwandtes Wort suchst. Schreibe es in die zweite Spalte.

b) Notiere das Wort aus der ersten Spalte nun richtig in der dritten Spalte.

~~treumt~~/träumt?   *der Traum* _____ *er träumt* _____

schedlich/schädlich? _____ _____

die Bräune/die Breune? _____ _____

der Läufer/der Leufer? _____ _____

jehrlich/jährlich? _____ _____

Gesamt:

/ 21

62

Groß- und Kleinschreibung

> **Nomen am Begleitwort erkennen**
>
> - Nomen schreibt man immer groß.
> - Oft haben sie ein **Begleitwort**, an dem du sie erkennen kannst, z. B. einen
>   bestimmten Artikel *(der Hund)*, einen unbestimmten Artikel *(eine Katze)*,
>   ein Possessivpronomen *(dein Pferd)*, ein Adjektiv *(großer Elefant)* oder
>   eine Mengenangabe *(viele Mücken)*.
> - Manchmal ist das Begleitwort versteckt *(zum Zoo = zu dem Zoo, im Kino =
>   in dem Kino)* oder es fehlt, dann musst du es im Kopf ergänzen, z. B.:
>   *Im Garten liefen Katzen umher. (die Katzen, junge Katzen)*

1 Endlich Ferien! Was gehört in Lailas Reisetasche?

   a) Schreibe die Nomen richtig in die rechte Spalte der Tabelle und ergänze
den unbestimmten Artikel in der mittleren Spalte.

   b) Wie heißt der bestimmte Artikel? Ergänze die erste Spalte der Tabelle.

bestimmter Artikel	unbestimmter Artikel	Nomen
die	eine	Kamera

TIPP

Nomen, Namen und Satzanfänge schreibt man immer groß.

2 a) Eine Postkarte aus dem Urlaub!
Lies den Schlangentext und markiere das Ende eines Wortes mit einem Strich.

b) Schreibe den Text richtig in dein Heft. Achte dabei auf die Großschreibung aller Nomen.

c) An welchem Artikel hast du die Nomen erkannt? Unterstreiche die bestimmten Artikel rot und die unbestimmten Artikel blau.

Hallo Mama und Mark,

DER|URLAUBISTSEHRSCHÖN.LEIDERIST
DASWETTERNICHTSOGUT.STATTDER
SONNENBRILLEHÄTTEICHLIEBEREINEN
REGENSCHIRMEINGESTECKT!DASZELTIST
SEHRGEMÜTLICH,ABERINDERNACHTBINICH
FROH,EINETASCHENLAMPEZUHABEN!DIE
KAMERANEHMENWIRIMMERMIT.ICHMUSS
EUCHUNBEDINGTDIEFOTOSZEIGEN!

Viele Grüße
eure Luisa

3 Lies das folgende Gedicht über den Sommer.

Bruno Horst Bull: Sommerbild

Ein Flugzeug hoch am Himmel,
ein Radler auf dem Weg.
Ein Fluss mit grünem Wasser,
ein alter Brückensteg.

Auf einer kleinen Brücke,
da steht ein kleines Kind,
und seine Haare flattern
im frischen Sommerwind.

a) Markiere alle Nomen in dem Gedicht und unterstreiche ihre Begleitwörter.

b) Das Gedicht enthält auch zwei versteckte Begleitwörter. Welche?

_____ = _____   _____ = _____

c) Schreibe alle Nomen zusammen mit ihren Begleitwörtern auf.

ein Flugzeug _____

_____

_____

5 Ergänze in den folgenden Sätzen passende Begleitwörter.
Beachte die Angaben in Klammern.

TIPP
Zu den Sätzen
3 und 4 gibt es
mehrere Lösungs-
möglichkeiten.

Tom geht jede Woche in _____ Schwimmhalle. (bestimmter Artikel)

Dort trainiert er für _____ Wettkampf. (unbestimmter Artikel)

Am liebsten schwimmt er _____ Strecken. (Adjektiv)

Er hat auch schon _____ Medaillen errungen. (Mengenangabe)

Gern geht er mit _____ Freunden im See baden. (Possessivpronomen)

6 In den folgenden Sprichwörtern dreht sich alles ums Essen.

a) Lies die Sätze und schreibe sie in der richtigen Groß- und Kleinschreibung
in dein Heft.

b) Kontrolliere die Großschreibung der Nomen, indem du ihre Begleitwörter
unterstreichst.

ALLES HAT EIN ENDE, NUR DIE WURST HAT ZWEI.

JEDER TOPF HAT SEINEN DECKEL.

VIELE KÖCHE VERDERBEN DEN BREI.

DER DÜMMSTE BAUER ERNTET DIE DICKSTEN KARTOFFELN.

7 a) Die folgenden Wörter haben eine unterschiedliche Bedeutung, je nachdem,
ob man sie groß- oder kleinschreibt. Lies die folgenden Sätze genau durch.

b) Schreibe das Wort in der richtigen Schreibung in die Lücken und unterstreiche
bei den Nomen jeweils das Begleitwort.

GRIFF	Der _____ an ihrem Schrank war abgebrochen.
	Die Frau _____ nach ihrer Werkzeugtasche.
JUNGE	Im Korb lagen fünf _____ Kätzchen.
	„Sie sind endlich da!", jubelte der _____.
PLANEN	Wir deckten das Gepäck mit großen _____ ab.
	Den nächsten Urlaub müssen wir besser _____!

> **!** **Nomen am Suffix erkennen**
>
> Wenn ein Wort mit dem Suffix (der Nachsilbe) -ung, -heit, -keit, -nis, -schaft
> oder -tum endet, ist es ein Nomen und muss **groß**geschrieben werden, z.B.:
> *die Bildung, die Freiheit, die Ewigkeit, das Wagnis, die Mannschaft, der Irrtum.*

INFO

Im Plural wird aus
-nis → -nisse.

1 a) Bilde aus den Wortbausteinen Nomen, die auf **-nis** enden.

b) Schreibe die Wörter mit Artikel im Singular und im Plural auf.

Zeug
Erleb
Geheim — nis
Kennt
Gefäng

das Zeugnis, die Zeugnisse

_____

_____

_____

_____

~~schön~~

traurig

dumm

höflich

krank

blind

ewig

sicher

wichtig

klug

heiter

schwierig

2 a) Bilde aus den Adjektiven in der Randspalte Nomen mit **-heit** oder **-keit**.

b) Schreibe die Nomen mit ihrem Artikel auf. Denke an die Großschreibung.

-heit: *die Schönheit* _____

_____

_____

-keit: _____

_____

_____

3 Ergänze in den Lücken die Suffixe **-ung**, **-schaft** oder **-tum**.

Es lebe die Unordn _ung_ !

Wer in unsere Wohn_____ kommt, für den besteht kein Irr_____ , wo ich

wohne. An meiner Tür hängt ein Schild: „Acht_____ ! Betreten auf eigene

Gefahr!" Eine Besichtig_____ meines Zimmers ist ein besonderes

Erleb_____ . Meine Verwandt_____ kennt das schon: Auf dem Boden

liegt ein Berg aus Kleid_____ , auf der Heiz_____ eine Samml_____ alter

Socken und vor dem Bett Reste alter Nahr_____ . Ja, Unordn_____ ist meine

große Leiden_____ !

Wenn ein Wort mit dem Suffix (der Nachsilbe) **-ig**, **-isch**, **-lich**, **-sam**, **-bar**, **-haft**, endet, ist es meist ein **Adjektiv** und muss **klein**geschrieben werden, z. B.: *gieri̱g, komi̱sch, ärgerli̱ch, langsa̱m, haltba̱r, dauerha̱ft.*

1 **a)** Der folgende Text enthält 13 Adjektive mit den Endungen **-ig** und **-lich**. Unterstreiche diese Adjektive mit unterschiedlichen Farben.

b) Übertrage die folgende Tabelle in dein Heft und ordne die Adjektive richtig ein.

-ig	-lich
mutig	schrecklich

Ein schrecklicher Traum

Ich ging durch einen winterlichen Wald. Obwohl ich nicht ängstlich, sondern eher mutig bin, kamen mir die Bäume sehr unheimlich vor. Sie knarrten gefährlich. Da hörte ich hinter mir ein lautes Knurren. Es hörte sich an wie ein hungriger Wolf. Ich drehte mich hastig um. Nichts! Mein Herz schlug kräftig. Ich rannte los. Zum Glück bin ich sportlich, dachte ich, doch das nützte mir nichts. Es war unmöglich, vom Fleck zu kommen. In diesem Moment bin ich glücklich erwacht. Genau zur richtigen Zeit!

2 In den folgenden Wörtern fehlen die Endungen **-ig** oder **-lich**.

a) Verlängere das Wort zunächst und sprich es dabei deutlich aus.

b) Ergänze dann die Endungen.

schwier**ig**	nied_____	häuf_____	wicht_____
ähn_____	langweil_____	deut_____	wen_____
pein_____	gold_____	fröh_____	pünkt_____

c) Bilde mit jedem Adjektiv einen Satz und schreibe ihn in dein Heft, z. B.:

Die Polizei löste einen schwierigen Fall.

3 **a)** Bilde aus den Nomen in der Randspalte und den Suffixen **-sam**, **-bar**, **-isch**, **-lich** und **-haft** Adjektive und schreibe sie auf.

scheinbar, _____

_____

_____

b) Schreibe zu jedem Adjektiv einen Satz in dein Heft.

> **TIPP**
>
> Die Endungen *-ig* und *-lich* kannst du hören, wenn du das Wort verlängerst, z. B.: *traurig – die traurige Prinzessin.*

der Schein

der Glaube

der Dieb

das Wunder

das Gesetz

die Furcht

der Freund

das Kind

Richtig schreiben

Teste dich selbst!

Groß- und Kleinschreibung

1 Was weißt du über Adjektive?

a) Nenne drei Suffixe (Nachsilben), an denen man Adjektive erkennt.

_____

b) Bilde mit diesen drei Suffixen jeweils ein Adjektiv und schreibe es auf.

_____

c) Mit welchem Suffix kannst du diese Nomen in Adjektive umwandeln? Trage das gesuchte Suffix in das Kästchen ein. Schreibe die Adjektive auf.

der Mut

der Durst _____

die Kraft _____

die Trauer _____

2 Was weißt du über Nomen?

a) Nenne drei Suffixe (Nachsilben), an denen man Nomen erkennt.

_____

b) Bilde mit diesen drei Suffixen je ein Nomen und ergänze den Artikel.

_____

c) Wandle die folgenden Adjektive und Verben in Nomen um. Verwende dazu die passenden Suffixe. Ergänze den Artikel.

finster   deutlich   leisten   fremd   wohnen   frei   flüssig   wandern

_____

_____

_____

3 Groß oder klein? Schreibe die Sätze in der richtigen Schreibung in dein Heft.

DER EISBÄR IST EINES DER GRÖSSTEN LANDRAUBTIERE. DURCH DAS WEISSE FELL IST ER GUT AN SEINE UMGEBUNG ANGEPASST. SEINE NAHRUNG BESTEHT AUS ROBBEN UND KLEINEN FISCHEN.

Kommas bei Aufzählungen setzen

Das Komma bei Aufzählungen

Wenn Wörter oder Wortgruppen aufgezählt werden, werden sie durch ein Komma voneinander getrennt.
Achtung: Vor **und** und **oder** wird kein Komma gesetzt, z. B.:
Ich nehme eine Hose, zwei Pullover, drei T-Shirts und vier Paar Socken mit.

1 In den folgenden Kleinanzeigen ist etwas durcheinandergeraten.

a) Ordne die Aufzählungen richtig zu und schreibe sie auf.

Suche Brieffreund!

Meine Hobbys sind Hosen, Jacken, Röcke.

Verkaufe Kinderkleidung:

Klaviere, Schränke, Waschmaschinen in allen Größen!

Hilfe beim Umzug gesucht?

Wir transportieren Fußball, Musik, Kino.

Suche Brieffreund!

Meine Hobbys sind _____

_____

Verkaufe Kinderkleidung:

_____

_____

Hilfe beim Umzug gesucht?

Wir transportieren _____

_____

b) Verfasse selbst eine Kleinanzeige, die eine Aufzählung enthält. Schreibe sie in dein Heft.

2 Im folgenden Text fehlen sieben Kommas. Setze sie.

Am Meer

In den Ferien war ich mit meinen Eltern meiner Oma meiner Schwester und ihrem Freund am Meer. Ich hatte mich so auf Sonne Strand und Wellen gefreut. Doch es herrschte kaltes nasses ungemütliches Regenwetter. Am Tage konnten wir nur mit Schirm Regenjacke und Gummistiefeln hinaus. In der Nacht brauste heulte und pfiff der Wind um das Haus.

3 Ergänze die Satzanfänge mit Aufzählungen, die dich beschreiben.

Ich esse am liebsten _____

Meine Lieblingsfarben sind _____

In meinem Zimmer stehen _____

TIPP
Denke daran, den Punkt am Satzende zu setzen.

Richtig schreiben

In der wörtlichen Rede Zeichen setzen

1 Lies den folgenden Text über ein Rätsel.
Setze die fehlenden Doppelpunkte, Anführungszeichen und Kommas.

Lisa fragt ihre Freundin Marie ☐ Wie schreibt man Mausefalle mit fünf Buchstaben? ☐

Marie überlegt und sagt ☐ Keine Ahnung. Wie soll das gehen? ☐

☐ Einfach Katze ☐ sagt Lisa und lacht.

2 a) Verbinde die Begleitsätze mit der passenden wörtlichen Rede durch Linien.

b) Schreibe die Sätze dann mit der richtigen Zeichensetzung in dein Heft.

Die Mutter sagt	Hat es Ihnen geschmeckt?
Der Lehrer schimpft	Happy birthday to you!
Die Kinder singen	Heute gibt es Spaghetti mit Tomatensoße.
Der Polizist ruft	Du hast schon wieder keine Hausaufgaben gemacht!
Der Kellner fragt	Halt, stehen bleiben!

c) Schreibe die Sätze jetzt so um, dass der Begleitsatz nachgestellt ist.

d) Bei einem Satz kannst du den Begleitsatz auch in die wörtliche Rede einschieben. Schreibe ihn auf.

3 a) Ergänze die Anführungszeichen und Satzzeichen im folgenden Satz.

Er sagte Wenn ich groß bin, werde ich UFO-Pilot

b) Schreibe den Satz in deinem Heft zweimal um, sodass der Begleitsatz einmal eingeschoben und einmal nachgestellt ist.
Achte auf die richtige Zeichensetzung.

Das Wörterbuch benutzen

❗ Alphabetische Reihenfolge

In einem **Wörterbuch** sind alle Wörter nach dem **Alphabet** geordnet. Wenn Wörter den gleichen Anfangsbuchstaben haben, dann entscheidet der zweite, manchmal auch der dritte Buchstabe über die Reihenfolge im Alphabet, z.B.:
Schal – Schere – Schublade – Schuh.

1 Auf Deutschlandreise – von A bis Z!

  a) Ordne die Städtenamen alphabetisch.

  b) Schreibe sie als Liste in dein Heft.

Köln	Berlin	Quedlinburg	Aachen	Cottbus	Würzburg
Xanten	Lübeck	Rostock	Yach	Potsdam	München	Hamburg
Erfurt	Dortmund	Vechta	Greifswald	Stuttgart	Zwickau
Frankfurt	Jena	Nürnberg	Osnabrück	Ingolstadt	Trier	Ulm

2 Immer schön der Reihe nach!
Schreibe die folgenden Wörter in alphabetischer Reihenfolge auf.

kleckern kegeln kochen krabbeln klingeln klettern kaufen kurbeln

_____

_____

_____

3 Lecker! Aber wie schreibt man das?

  a) Was ist auf den Fotos abgebildet? Schreibe das Wort auf die obere Zeile.

  b) Schlage nun im Wörterbuch nach und kontrolliere die Schreibung.

  c) Korrigiere die Fehlerwörter und schreibe sie in der richtigen Schreibung auf die Zeile darunter.

 _____    _____    _____

 _____    _____    _____

Nomen nachschlagen: Wenn du die Schreibung einer Plural- oder Singularform suchst, dann schlage die Singularform im Wörterbuch nach, z.B.:
die Mäuse, das Mäuschen → die Maus.
Verben nachschlagen: Willst du eine konjugierte Verbform richtig schreiben, dann schlage den Infinitiv (die Grundform) nach, z.B.:
er fällt → fallen.

4 a) Wie stehen diese Verben im Wörterbuch?
Notiere den Infinitiv (die Grundform).

er fiel	*fallen*	es hat gebrannt	
sie dachte		ihr habt gesungen	
wir fuhren		er hat genommen	

b) Ordne die Wörter in der Reihenfolge, in der sie im Wörterbuch stehen, und schreibe sie in dein Heft.

5 Wo schlage ich diese Nomen nach?

a) Bilde von den folgenden Wörtern den Singular.

b) Schlage im Wörterbuch nach und schreibe zu jedem Nomen ein verwandtes Wort heraus.

Plural	Singular	verwandtes Wort
die Hühner	*das H*	
die Mäntel		
die Klöße		
die Röcke		

6 a) Lies den folgenden verrückten Märchentext. Was stimmt hier nicht?

Wer hat die Märchen verhext?

Es lebten einmal sieben junge Wölfe, die hatten große Angst vor kleinen Ziegen. Rumpelstilzchen klopfte am Tor des Schlosses, um Dornröschen vergiftete Äpfel zu verkaufen. Rotkäppchen knabberte an einem süßen Häuschen und wurde in einen Frosch verwandelt.

b) Betrachte die unterstrichenen Wörter. Schreibe sie so in dein Heft, wie du sie im Wörterbuch findest, z.B.: *lebten → leben.*

c) Ordne die Wörter nach dem Alphabet und schreibe sie untereinander auf.

Teste dein Wissen!
Lernstandstest

Beruf: Stuntprofi

Wenn Tanja de Wendt beschreiben soll, was sie in ihrem Beruf so alles macht, dann sagt sie: „Springen, fallen, stürzen, klettern, Fahrten mit Autos, Motorrädern, Rennbooten, – na ja, und natürlich Schlägereien." Tanja de Wendt ist
5 eine der besten Stuntfrauen Deutschlands. „Stunt" ist englisch und bedeutet „Trick" oder „Kunststück" – und davon müssen die Stuntleute einige auf Lager haben …

Denn sie sind zwar mutig, aber durchaus nicht lebensmüde. Wenn sie mit einem Auto in einen Fluss
10 rasen müssen, haben sie meist eine Sauerstoffflasche dabei; wenn sie aus großen Höhen springen, wartet unten meist ein Luftkissen, und wenn sie brennend vor der Kamera herumlaufen müssen, tragen sie natürlich einen Spezial-anzug.

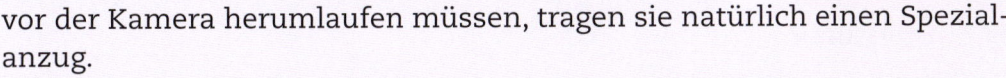

15 Trotzdem ist das kein Job für Leute, die über jeden blauen Fleck jammern. Und die Stuntfrauen müssen sogar oft noch eine ganze Portion „härter" sein als ihre männlichen Kollegen: Wenn ein Mann nämlich einen Treppensturz „spielt", ist er unter seinem Anzug meist gepolstert wie ein Eishockeyspieler. Aber unter einem engen Minikleid ist kein Platz für dickes Schaumgummi …

20 Tanja de Wendt ist schon von Brücken hinab auf fahrende Schiffe gesprungen oder mit einem Motorrad durch die Luft geflogen. Bei ihrem spektakulärsten Stunt stürzte sie sich 180 Meter tief vom Düsseldorfer Fernsehturm. Die Vorbereitungen dafür dauerten anderthalb Jahre. Für Tanja wurde eine Spezialweste genäht, an der ein Stahlseil befestigt war; es gab
25 Probewürfe, Testbremsungen – und dann kam der Moment, als es hieß: „Kamera läuft." Und Tanja sprang. „Ich habe wild geschrien, als säße ich in einer Achterbahn", erzählte sie anschließend. Alles ging gut – aber einige Wochen später versuchte ein Stuntman in den USA den gleichen Sprung. Er verletzte sich schwer und sitzt seitdem im Rollstuhl.

30 Weil dieser Job so gefährlich ist, kommt es ganz besonders auf eine perfekte Vorbereitung an. Und natürlich auf gute Körperbeherrschung. Aber wie trainiert man das? Am besten, du machst viel Sport und besuchst später eine Stuntschule. Die Stuntschule Köln/Düsseldorf zum Beispiel sucht ein paar Mal im Jahr aus vielen hundert Bewerbern die besten aus. Für diese
35 Glücklichen beginnt dann eine mehrjährige Ausbildung – denn Stuntleute müssen absolut fit sein in Hechtrollen, Scheinkämpfen und Fensterstürzen. Es schadet auch nicht, nebenher Schauspielunterricht zu nehmen. Das erhöht die Chancen auf „richtige" Rollen und ein bisschen Ruhm. Denn Stuntmänner und -frauen sind zwar die wahren Filmhelden, aber trotzdem
40 werden die wenigsten von ihnen berühmt.
[…]

/ 8

1 Erschließe die Bedeutung der folgenden Wörter, indem du sie in ihre Bestandteile zerlegst, wie in den Beispielen.

die Sauerstoffflasche = *der Sauerstoff + die Flasche = eine Flasche mit Sauerstoff*

das Luftkissen = *die Luft + das Kissen = ein Kissen, das mit Luft gefüllt ist*

das Stahlseil = _____

_____

der Probewurf = _____

_____

der Scheinkampf = _____

_____

der Fenstersturz = _____

_____

/ 5

2 Welche Überschrift passt jeweils am besten zu den Textabschnitten? Trage den richtigen Großbuchstaben in das Kästchen ein.

1. Abschnitt (Z. 1–7):
A Wie werde ich Stuntprofi?
B Tätigkeiten eines Stuntprofis
C Lebensgeschichte eines Stuntprofis
D So funktionieren die Tricks der Stuntprofis

2. Abschnitt (Z. 8–14):
A Tricks mit Hilfe der Kamera
B Immer mutig sein
C Sicherheit bei der Arbeit
D Ein Beruf für Lebensmüde

3. Abschnitt (Z. 15–19):
A Unterschiede bei Männern und Frauen
B Männer sind härter
C Männer sind Jammerlappen
D Im Minikleid zur Arbeit

4. Abschnitt (Z. 20–29):
A Ein spektakulärer Stunt
B Ein Stunt in der Achterbahn
C Die Kamera
D Keine Angst vorm Springen

5. Abschnitt (Z. 30–40):
A Wie lernt man eine Hechtrolle?
B Berühmte Stuntprofis
C Wie wird man Stuntprofi?
D Ein gefährlicher Job

3 Richtig oder falsch?

/ 7

Notiere in das Kästchen hinter der Aussage ein *r* für richtig oder ein *f* für falsch.

A Stuntleute sind mutig, aber nicht lebensmüde. ☐

B Nur Frauen verwenden bei gefährlichen Stunts Spezialausrüstungen. ☐

C Luftkissen und Sauerstoffflasche dienen der Sicherheit. ☐

D Auf ihren spektakulärsten Stunt bereitete Tanja de Wendt
sich anderthalb Jahre vor. ☐

E Sport treiben ist eine gute Voraussetzung für den Beruf eines Stuntmans. ☐

F Zur Ausbildung gehören Scheinkämpfe und Fensterstürze. ☐

G Stuntleute sind oft berühmte Filmhelden. ☐

4 Welche Wortbedeutung trifft die Bedeutung im Text am genauesten? / 5
Trage den Großbuchstaben in das Kästchen ein.

a) auf Lager haben (Z. 7)   A: auswendig lernen
B: ordnen ☐
C: vorrätig haben
D: lagern

b) lebensmüde sein (Z. 9)   A: nicht mehr leben wollen
B: ängstlich sein ☐
C: verrückt sein
D: verschlafen sein

c) eine ganze Portion (Z. 16)   A: vollständig
B: ziemlich viel ☐
C: ausreichend
D: groß

d) es schadet auch nicht (Z. 37)   A: es ist nützlich
B: es ist kein Problem ☐
C: es tut nicht weh
D: es ist normal

e) nebenher (Z. 37)   A: heimlich
B: auf eigene Kosten ☐
C: zusätzlich zur Ausbildung
D: regelmäßig

Lernstandstest

/3 **5** Erkläre mit eigenen Worten die unterstrichenen Wortgruppen in den folgenden Textstellen. Schreibe deine Umschreibung auf.

a) ... Leute, die <u>über jeden blauen Fleck jammern</u>. (Z. 15)

_____

b) ..., <u>kommt es ganz besonders auf</u> eine perfekte Vorbereitung <u>an</u>. (Z. 30 f.)

_____

c) ... Stuntleute müssen absolut <u>fit sein</u> in Hechtrollen, Scheinkämpfen und Fensterstürzen. (Z. 35 f.)

_____

6 Beantworte die folgenden Fragen mit Hilfe des Textes.

/4 **a)** Was machen Stuntleute in ihrem Beruf? Nenne vier Tätigkeiten.

_____

_____

/2 **b)** Wie schützen sich Stuntleute vor Gefahren und Verletzungen? Nenne zwei Beispiele.

_____

_____

/2 **c)** Warum müssen Stuntfrauen oft noch „härter" sein als Stuntmänner? Erkläre mit eigenen Worten.

_____

_____

/2 **d)** Was ist für den Beruf eines Stuntprofis besonders wichtig?

_____

_____

/5 **7** Umkreise in den folgenden Sätzen die Nomen und unterstreiche ihre Begleitwörter.

Unter einem engen Minikleid ist kein Platz für dickes Schaumgummi.

Für diese Glücklichen beginnt dann eine mehrjährige Ausbildung.

8 Im folgenden Text wurden sieben Fehler angestrichen.
Schreibe die Wörter in der richtigen Schreibung auf die Zeilen, unterstreiche
die verbesserte Fehlerstelle und notiere eine Begründung oder eine Probe, z. B.:

große → ss steht nur nach betontem kurzen Vokal

Klettern ist eine <u>grosse</u> Herausforderung. Man <u>muß</u> gegen die Schwerkraft
<u>ankempfen</u> und einen <u>Berk</u> aus eigener Kraft bezwingen. Das kostet
<u>überwindung</u>. Dicke Muskeln braucht man zum Klettern nicht, aber die
Klettertechnik muss <u>richtich</u> sein. Wer es schafft, einen <u>felsen</u> ganz nach
oben zu klettern, wird mit einem herrlichen Ausblick belohnt.

_____

_____

_____

_____

_____

/ 6

9 Ein Journalist ist Augenzeuge dieses Unfalls in einer Fußgängerzone. Für einen
Bericht in der Zeitung hat er sich einige Notizen gemacht.

– zwei Mädchen
  auf Inline-
  Skates
– in Unterhaltung
  vertieft
– ältere Dame
– Zusammenprall
  auf Höhe
  der Bäckerei
– ältere Dame
  leichte
  Verletzungen,
  Mädchen nur
  Schreck

a) Welche W-Fragen kannst du zu dem abgebildeten Vorfall stellen?
Schreibe sie in dein Heft.

/ 5

b) Beantworte die Fragen mit Hilfe der Bilder und des Notizzettels.

/ 5

c) Verfasse einen kurzen Bericht über das Ereignis,
der alle wichtigen Informationen enthält. Schreibe in dein Heft.

/ 5

Gesamt:
/ 64

Den Grundwortschatz üben

Mit dem Grundwortschatz arbeiten

Ein Grundwortschatz ist eine Sammlung von Wörtern, die du häufig
verwendest und deren Schreibung du deshalb gut beherrschen solltest.
Der Grundwortschatz auf den Seiten 79–80 ist nach Themen geordnet.
Die Wörter des Grundwortschatzes kannst du üben, indem du sie
- abschreibst,
- alphabetisch ordnest,
- in Sätzen anwendest oder
- dir von einer anderen Person diktieren lässt.

TIPP

Wenn du das Kapitel „Richtig abschreiben" schon bearbeitet hast, kannst du auf deine Liste aus Aufgabe 9 auf Seite 51 zurückgreifen und diese erweitern.

1 Übe die Lernwörter durch Abschreiben.

   a) Lies alle Überschriften und wähle ein Thema aus, zu dem du üben möchtest.

   b) Übe die Wörter zu diesem Thema mit Hilfe einer Wortliste.
      Lege dazu in deinem Heft eine Wortliste mit drei Spalten an:

1) Übungswörter	2) auswendig aufschreiben	3) kontrollieren und verbessern

   c) Trainiere die Schreibung der Wörter in dieser Reihenfolge:
1. Lies deine Übungswörter einmal laut und einmal leise und präge sie dir gut ein. Übertrage sie in die erste Spalte und gleiche sie mit der Vorlage ab.
2. Decke die erste Spalte zu und schreibe jeweils drei Wörter auswendig in die zweite Spalte.
3. Decke die erste Spalte auf und vergleiche mit der zweiten Spalte. Streiche falsch geschriebene Wörter durch und verbessere sie in der dritten Spalte.

2 Übe die Wörter, indem du sie neu ordnest.

   a) Wähle einen Buchstaben aus, z.B. *a*.

   b) Suche **alle** Wörter aus dem Grundwortschatz heraus, die mit diesem
      Buchstaben beginnen, und schreibe sie in dein Heft, z.B.:
      der Aal, der Ast, die Antwort ...

   b) Sortiere die Wörter nach dem Alphabet und schreibe sie untereinander auf.

TIPP

Du kannst auch aus den Wörtern mehrerer Themengruppen eine Erzählung schreiben.

3 Übe die Wörter, indem du sie in zusammenhängenden Sätzen verwendest.

   a) Wähle ein Thema aus, das dich interessiert. Lies die Wörter zu dem Thema
      einmal laut und einmal leise und präge dir ihre Schreibung gut ein.

   b) Schreibe mit jedem Übungswort einen vollständigen Satz in dein Heft.

   c) Vergleiche die Schreibung der Wörter genau mit der Wortliste im Arbeitsheft.

TIPP

Achtet darauf, langsam und deutlich zu sprechen.

4 Übe die Schreibung der Wörter zu einem Themenbereich im Partnerdiktat
zusammen mit einer Lernpartnerin oder einem Lernpartner.
Korrigiert anschließend gegenseitig eure Texte.

Grundwortschatz

Aussehen/Beschreibung

alt	gelb	hell	rot	weich
blau	glatt	hoch	rund	weiß
bunt	grau	klein	sauber	
dunkel	groß	kurz	schmutzig	
fein	grün	lang	schwarz	

Essen/Trinken

das Abendessen	der Fisch	das Glas	die Milch	der Tee
der Apfel	das Fleisch	der Hunger	das Mittagessen	der Teller
die Banane	das Frühstück	der Kaffee	die Nudeln	trinken
die Butter	frühstücken	die Kartoffel	das Obst	das Wasser
das Brot	die Gabel	das Mehl	schneiden	die Wurst
essen	das Gemüse	das Messer	die Tasse	der Zucker

Familie/Zuhause

der Bruder	das Haus	die Oma	die Tante	wohnen
das Dach	der Keller	der Opa	die Tochter	die Wohnung
die Familie	die Küche	der Onkel	die Treppe	
der Garten	die Mutter	der Sohn	der Vater	
der Geburtstag	der Nachbar	die Schwester	verwandt	

Gegenstände/Möbel

das Bett	der Fernseher	die Pfanne	der Schrank	der Topf
das Bild	fernsehen	das Regal	der Stuhl	die Tür
das Fenster	die Möbel	der Schlüssel	der Tisch	

Kleidung/Körper

anziehen	die Größe	der Knochen	die Mütze	der Schuh
der Arm	das Haar	der Kopf	der Pullover	die Socke
das Bein	die Hand	der Körper	der Schal	
der Fuß	der Hut	der Mantel	der Schirm	

Natur

der Ast	fließen	der Mist	der Schnee	der Wind
der Baum	der Fluss	der Nebel	schneien	der Winter
das Blatt	der Frühling	die Pflanze	der See	die Wolke
blühen	der Herbst	pflanzen	der Sommer	
die Blume	der Himmel	die Pfütze	die Sonne	
die Erde	das Holz	der Regen	der Wald	
fallen	das Land	regnen	das Wetter	
das Feld	das Meer	der Sand	die Wiese	

Schule

die Antwort	die Ferien	das Kind	rechnen	der Stift
antworten	die Frage	der Lehrer	sagen	die Schule
das Buch	fragen	die Lehrerin	der Satz	die Tasche
der Bus	die Hausaufgabe	lesen	der Schüler	der Text
denken	das Heft	malen	die Schülerin	üben
erzählen	kennen	die Pause	schreiben	

Sport

der Ball	die Mannschaft	das Spiel	trainieren
der Fußball	rennen	spielen	tanzen
gewinnen	schwimmen	springen	turnen
klettern	das		werfen
laufen	Schwimmbad		

Stadt/Verkehr/Fahrzeuge

die Ampel	fahren	das Kaufhaus	die Metzgerei	der Verkehr
das Auto	die Fahrkarte	das Kino	der Park	der Wagen
die Bäckerei	der Fahrplan	die Kirche	der Platz	der Weg
der Bahnhof	das Fahrrad	der Lastwagen	das Schiff	der Zug
die Bank	das Flugzeug	die Maschine	die Straße	

Stimmungen/Gefühle

die Angst	sich freuen	gemütlich	das Lob	der Spaß
ängstlich	freundlich	das Glück	loben	traurig
der Ärger	froh	glücklich	lustig	weinen
sich ärgern	fröhlich	lachen	der Mut	die Wut
böse	fühlen	die Liebe	mutig	wütend
die Freude	das Gefühl	lieben	nett	

Tiere

die Ameise	der Hase	die Katze	das Schwein	der Zoo
der Fisch	das Huhn	die Kuh	der Tiger	
die Fliege	der Hund	der Löwe	der Vogel	
der Fuchs	der Igel	das Schaf	der Wolf	

Zeitangaben

abends	der Donnerstag	das Jahr	der Monat	der Sonntag
der Abend	der Freitag	manchmal	der Montag	die Stunde
anschließend	gestern	der Mittwoch	morgens	der Tag
bald	heute	morgen	der Samstag	die Zeit
der Dienstag	immer	der Morgen	schon	